TOUTES LES CHANSONS
D'AMOUR
ONT UNE HISTOIRE

Du même auteur

Seventies, le petit dico, éditions Belfond, 1994.

Toutes les chansons ont une histoire, Petite chronique des tubes de l'avant-guerre à nos jours, éditions Ramsay, 1997 et 2000.

FRÉDÉRIC ZEITOUN

TOUTES LES CHANSONS
D'AMOUR
ONT UNE HISTOIRE

En collaboration avec Christiane GALILI

HORS
COLLECTION
éditions

© Éditions Hors Collection, 2005
ISBN : 2-258-06643-3
Numéro d'Éditeur : 710
Tous droits réservés.
Retrouvez-nous sur Internet : www.horscollection.com

À Sabrina

À mes parents

Préambule

Parler de chansons d'amour, n'est-ce pas finalement un formidable pléonasme ?

Depuis la nuit des temps, il faut bien reconnaître que les compositions, dans leur immense majorité, sont dédiées aux émois du cœur et aux sursauts de la libido.

Les Égyptiens avaient déjà leurs chanteurs et leurs chanteuses de charme. C'est ce que nous ont révélé de récentes recherches archéologiques : il a été retrouvé sur les murs d'une tombe une chanson d'amour en hiéroglyphes entourée d'images de musiciens. L'œuvre remonterait à quelque 2 181 ans avant notre ère !

C'est dire si Tino Rossi, Frank Sinatra ou même Julio Iglesias n'ont rien inventé.

Des chansons d'amour, il en existe quasiment autant de sortes que de positions dans le Kama-sutra.

Désespérées, euphoriques, platoniques, érotiques, physiques, volcaniques... les adjectifs nous manquent pour pouvoir toutes les qualifier. Ainsi, quelle que soit l'humeur de notre cœur, y a-t-il toujours une chanson d'amour pour traduire nos émotions du moment.

Au-delà de ce foisonnement de « je t'aime », de « reviens » et de « toujours », nous nous sommes plus précisément intéressés à savoir comment étaient nés tous ces couplets et ces refrains.

Remonter à la source, connaître la genèse, traquer l'anecdote touchante ou savoureuse est un exercice qui nous a procuré un réel plaisir.

Nous espérons que vous en aurez tout autant à découvrir cet ouvrage...

XVIIIe

■ Plaisir d'amour

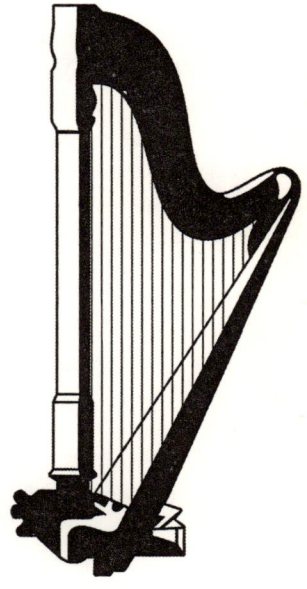

Plaisir d'amour

1784 • nombreux interprètes

" Plaisir d'amour ne dure qu'un moment
Chagrin d'amour dure toute la vie…"

Cette charmante romance est âgée de plus de deux cents ans ! Ses créateurs, s'ils pouvaient l'apprendre, seraient les premiers surpris d'être passés à la postérité, non parce qu'ils ont écrit ou composé de grandes œuvres, mais grâce à une rengaine populaire devenue le modèle de la chanson française !

Jean-Pierre Claris de Florian (1755-1794), au service du duc de Penthièvre et fortement encouragé par Voltaire, se consacra aux lettres. Auteur de nouvelles, pièces de théâtre, fables, petites comédies, il écrivit les paroles d'une romance poétique, d'abord déclamée, qui charma le compositeur Jean-Paul Égide Martini.

Qui était Martini ? De son vrai nom Johann Paul Aegidius Schwarzendorf (1741-1816), d'origine allemande, il devint directeur de la musique du prince de Condé, surintendant de la musique royale, auteur de messes, *requiem*, opéras, *Te Deum*, romances, etc.

L'histoire n'a pas retenu la biographie du troisième acolyte, Ange-Étienne-Xavier Poisson de La Chabeaussière (1752-1820), coauteur de la musique, qui contrairement à Florian et Martini a sombré dans les oubliettes du temps.

Ce morceau fut connu sous le nom de *Romance du chevrier*, intégré dans la nouvelle « La Célestine », et c'est au cours de la première moitié du XIXe siècle qu'il prit le nom de *Plaisir d'amour*.

Le succès fut tel que le compositeur Hector Berlioz l'instrumenta pour petit orchestre en 1859. Au fil des décennies, *Plaisir d'amour* sortit des salons, devint très populaire et entra aux cafés-concerts dès la fin du XIXe siècle. *

Avec l'apparition du microsillon puis du disque, cette chanson fut enregistrée par de nombreux interprètes : Yvonne Printemps en 1931, Tino Rossi en 1955, Mado Robin en 1958, Joan Baez en 1968. Nana Mouskouri en fit deux versions. Adaptée en anglais, elle a même été reprise par Elvis Presley et récemment par Stephan Eicher.

L'intemporalité de cette ritournelle peut surprendre ! Avoir ému les amoureux du XVIIIe au XXIe siècle, au mépris des clivages et des classes sociales, est peu banal. Bel exemple de démocratisation. Gageons que ce n'est pas fini...

* Source : article de Denis Havard de la Montagne sur le site www.musimem.com/martini.htm

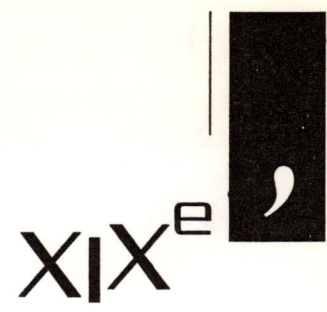

XIXe

█ Le Temps des cerises

Le Temps des cerises

1866 • nombreux interprètes

" Quand vous en serez au temps des cerises,
Si vous avez peur des chagrins d'amour,
Évitez les belles !
"

Le texte du *Temps des cerises* fut écrit en 1866 par Jean-Baptiste Clément (1836-1903) et mis en musique deux ans plus tard par Antoine Renard (1825-1872).

Cette œuvre antérieure à la Commune de Paris*, contrairement à la *Semaine sanglante* du même auteur, ne fut en rien un chant révolutionnaire mais bien une jolie chansonnette amoureuse.

Néanmoins, en raison de l'impact des événements sur les citoyens français et de l'implication de son auteur, militant socialiste proche de Jules Vallès, maire de Montmartre et délégué de la Commune en 1871, elle devint le symbole des Communards massacrés par les Versaillais et des immenses espoirs piétinés que cette insurrection avait engendrés. Chantée dans le Paris des Barricades, elle a l'allure d'une promesse d'avenir meilleur.

De plus, Clément dédia sa chanson à l'ambulancière Louise qui ravitailla les Fédérés sur la barricade de la rue de la Fontaine-au-Roi, sur laquelle il se trouvait.

Un double sens, politique celui-là, fut donné au *Temps des cerises*, printemps du peuple dont le sang a coulé en luttant pour une vie plus juste.

Elle reprit peu à peu son esprit originel, l'expression d'un amour disparu, mais elle n'en reste pas moins nimbée d'une aura particulière.

Elle est devenue un classique de la chanson d'amour. Un très grand nombre d'enregistrements différents furent réalisés par Tino Rossi, Mouloudji, Yves Montand, Juliette Gréco, Nana Mouskouri et d'autres. Très récemment c'est Jean-Jacques Goldman qui la susurra sur le CD de Patrick Bruel « Entre-deux ».

* Pour les distraits du cours d'histoire ou ceux qui auraient quitté les lieux avant l'heure, un court rappel...

Le 18 mars 1871, alors que les Prussiens sont aux portes de Paris, Napoléon III, prisonnier, et le gouvernement d'Adolphe Thiers, replié à Versailles, de nombreux Parisiens accusent ce dernier de pactiser avec l'ennemi. Ils sont assiégés, manquent de vivres et se rebellent. Ils élisent un Conseil communal et saisissent des armes. Cette « Commune » sera la première révolution prolétarienne de l'histoire.

Les divisions, les querelles, les oppositions idéologiques conduisirent à l'échec. L'épouvantable répression, l'atroce boucherie (entre vingt mille et trente mille morts !) fit que mai 1871, s'il fut bien *Le Temps des cerises*, l'est resté surtout par leur couleur, semblable à celle du sang !

30'

■ Parlez-moi d'amour
■ Félicie aussi

Parlez-moi d'amour

1930 · Lucienne Boyer

> «
> *Vous savez bien*
> *Que dans le fond je n'en crois rien*
> *Mais cependant je veux encore*
> *Écouter ce mot que j'adore...*
> »

Jean Lenoir, éditeur, fut l'auteur de cette tendre chanson qui séduisit immédiatement Lucienne Boyer. Elle la fit adapter à sa tessiture plus grave et l'intégra dans son répertoire.

Devant la réaction de son public, elle l'enregistra chez Columbia et reçut en 1930 le premier Grand Prix du disque. Le succès et la consécration furent au rendez-vous et bientôt la radio s'en empara.

La tendresse sensuelle d'un ton confidentiel laissait imaginer que l'artiste s'adressait à chaque auditeur masculin quasiment au creux de son épaule, tandis que chaque femme ou jeune fille pouvait reprendre à son compte une demande d'attention et de caresses. Plus tard nous nommerons cela « identification »...

Beaucoup d'interprètes dont Juliette Gréco, Mireille Mathieu ou Patrick Bruel chanteront *Parlez-moi d'amour*, qui sera adapté dans une quinzaine de pays.

Signalons le réalisme de : « Vous savez bien que dans le fond je n'en crois rien » introduit dans cette quête du mot d'amour.

Les mots sont doux à entendre mais personne n'est dupe. Ils font partie du rituel amoureux, manquent s'ils sont absents, mais la lucidité nous apprend que ces épanchements, s'ils sont sincères sur le moment, ne sont en général pas de toute éternité.

Mais pourquoi se priver du plaisir d'entendre « des choses tendres » ? Croire aux « chimères » est une des béquilles favorites des êtres humains.

Alors, parlons-nous d'amour, le mieux possible !

Félicie aussi

1939 · Fernandel

"
Il faisait un temps superbe
Je me suis assis sur l'herbe
Félicie aussi...
"

Félicie est sans doute la chanson la plus célèbre de Fernandel... et certainement celle dont l'histoire est la plus triste.

Félicie aussi fut créée en 1939 par Casimir Oberfeld, le compositeur attitré de tous les films de Fernandel.

De religion juive, il fut déporté à Auschwitz en 1942 et ne revint pas des camps de la mort.

Peut-être par pudeur ou par tristesse, Fernandel ne rechanta jamais sa *Félicie*, jusqu'à ce palmarès de chansons mythiques présenté par Guy Lux le 14 mars 1968. Il en donna ce soir-là une interprétation magistrale, nous laissant un beau moment de télévision que l'on ne se lasse pas de voir et revoir...

40'

- Mon amant de Saint-Jean
- La Vie en rose
- Les Feuilles mortes
- C'est si bon
- Les Enfants qui s'aiment
- Ma cabane au Canada
- L'Hymne à l'amour

Mon amant de Saint-Jean

1942 · Lucienne Delyle

"
Comment ne pas perdre la tête,
Serrée par des bras audacieux
Car l'on croit toujours aux doux mots d'amour
Quand ils sont dit avec les yeux.
"

Si l'on admet l'hypothèse d'une vie après la mort, il y a fort à parier que la chanteuse Lucienne Delyle, disparue en 1962, a dû passer une bien belle année 2002 près des anges.

En effet, voir son *Amant de Saint-Jean*, créé en 1942, remporter un tel succès soixante ans plus tard a de quoi réchauffer le cœur.

Cette valse musette, hommage à l'un des quartiers les plus chauds de Marseille, a contre toute attente propulsé Patrick Bruel au sommet des hit-parades.

Pourtant, lorsque l'artiste annonça à sa maison de disques son intention d'enregistrer un album consacré aux succès de l'entre-deux-guerres, la réaction des dirigeants ne fut pas d'un enthousiasme débordant. C'est même là un euphémisme !

Malgré cela, en s'appropriant magistralement cette chanson, Bruel a démontré que le public jeune n'était pas exclusivement réceptif au rap ou à la techno et qu'une bonne chanson était intemporelle.

Certains curieux ont pu redécouvrir à cette occasion le timbre si particulier de la voix de Lucienne Delyle. La version de l'épouse du chef d'orchestre Aimé Barelli est très « réaliste » et évoque immédiatement, par son climat, les années d'occupation.

Cette chanson avait déjà été remise au goût du jour, à l'aube des années 80, lorsque François Truffaut l'avait incluse dans la bande originale de son film *Le Dernier Métro*.

Gageons que l'histoire n'est pas finie. Peut-être que dans soixante ans cet *Amant de Saint-Jean* connaîtra une énième vie dans le répertoire de celui qui sera le Bruel de nos petits-enfants...

La Vie en rose

1945 · Édith Piaf

« Quand il me prend dans ses bras
Il me parle tout bas
Je vois la vie en rose... »

Non contente d'être une immense interprète, Édith Piaf avait aussi un réel talent d'auteur-compositeur. L'histoire à rebondissements de cette chanson le prouve.

La grande Édith avait dans le métier une amie chanteuse, Marianne Michel. Cette dernière eut un jour l'idée de rendre visite à Piaf accompagnée de son nouveau fiancé.

Immédiatement, la star jeta son dévolu sur le nouveau venu. Sans aucun scrupule, elle « piqua » littéralement son petit ami à la malheureuse Marianne.

Malgré tout, pour se faire pardonner, Édith promit à son amie de lui offrir une chanson… en lot de consolation !

C'est ainsi qu'elle écrivit paroles et musique de *La Vie en rose*.

Elle ne se rendit pas compte de l'importance de son œuvre. À tel point qu'elle en abandonna la musique à son pianiste, Louiguy, uniquement pour le remercier d'avoir écrit la partition piano de cette nouveauté !

Et comme promis, *La Vie en rose* fut donnée en dédommagement à l'infortunée Marianne Michel qui l'enregistra en 1946.

Le temps passa et le hasard fit se recroiser les deux chanteuses. Ravie, Marianne annonça fièrement à Édith que sa chanson remportait chaque soir sur scène un franc succès. Elle invita même Piaf à venir l'écouter.

Erreur fatale ! Lorsqu'elle s'aperçut de la valeur de son cadeau, la « dame en noir » se ravisa sur-le-champ.

Cette chanson, qu'elle croyait sans importance, lui apparut soudain comme une vraie réussite. Suivant le dicton : « L'on n'est jamais si bien servi que par soi-même », elle reprit *illico* sa *Vie en rose* à la pauvre Marianne, trahie pour la seconde fois.

Dean Martin, Bing Crosby, Grace Jones entre autres ont fait entrer cette œuvre dans le club très fermé des standards internationaux.

Les Feuilles mortes

1946 • Yves Montand

> " *Mais la vie sépare ceux qui s'aiment*
> *Tout doucement, sans faire de bruit*
> *Et la mer efface sur le sable*
> *Les pas des amants désunis.* "

Le fameux adage selon lequel le public a toujours raison se confronte avec cette chanson à un cuisant démenti. Il faut parfois, contre ledit public, toute la ténacité d'un interprète pour faire passer une œuvre à la postérité.

L'histoire des *Feuilles mortes* débute au cinéma en 1946. Yvo Livi, plus connu sous le nom d'Yves Montand, vient de décrocher son premier grand rôle dans *Les Portes de la nuit*, de Marcel Carné, avec des dialogues de Jacques Prévert.

Le film est assassiné par la critique qui le rebaptise *Les Portes de l'ennui*. Seules deux chansons de la bande originale tirent leur épingle du jeu, *Les Enfants qui s'aiment* et *Les Feuilles mortes*.

Immédiatement, Montand décide d'inclure cette dernière dans son tour de chant et il commence là un véritable chemin de croix. Près de trois années durant, il va « traîner ce boulet » tous les soirs, salué par un silence poli qui ressemble fort à un bide monstrueux.

Pourtant Montand, opiniâtre, y croit. En 1949, son acharnement finit par payer. La chanson de Jacques Prévert et Joseph Kosma trouve enfin sa place entre *Luna Park* et *Les Grands Boulevards*.

Elle part même à la conquête des États-Unis sous le titre *Autumn Leaves*, et depuis plus d'un demi-siècle les reprises des *Feuilles mortes* se ramassent à la pelle...

C'est si bon

1947 • Yves Montand

" C'est si bon
De se dire des mots doux
Des petits riens du tout
Mais qui en disent long. "

En 1947, Henri Betti, pianiste de Maurice Chevalier des années durant, décide de se mettre à son compte à Nice et de devenir compositeur. Traversant un après-midi la place Masséna, il fredonne trois notes d'une mélodie : «Tam, ta, dam»...

Assez content, il demande à André Hornez, auteur attitré de Ray Ventura, de l'habiller de mots. Ce dernier lui présente dix exemples de trois syllabes et Henri retient *C'est si bon*.

Il la fait écouter à Édith Piaf, rarement mauvais juge, qui la propose immédiatement à Yves Montand. Ravi, ce dernier décide de la mettre à son répertoire. Henri Betti est aux anges !

Quelque temps plus tard, il va entendre le récital Montand, au théâtre de l'Étoile, impatient d'écouter sa chanson. Pas de *C'est si bon* au programme...

Il est très contrarié et, pire encore, l'artiste lui signifie qu'il n'en veut plus, qu'elle n'est pas pour lui.

L'éditeur d'Henri le rassure : «Moi, j'y crois, on va la faire démarrer !» Une première version de l'orchestre Jacques Hélian voit le jour, puis celle des sœurs Étienne. Cela ne donne pas grand-chose.

C'est Suzy Delair qui adopte la chanson. À Nice, Louis Armstrong, jeune trompettiste, l'entend et, séduit, l'enregistre en anglais... C'est parti !

Montand et beaucoup d'autres vont reprendre ce succès mondial et ce sera, pour l'auteur, vraiment très très bon...

Les Enfants qui s'aiment

1948 • Germaine Montero

> « Les enfants qui s'aiment ne sont là pour personne,
> Ils sont ailleurs bien plus loin que la nuit,
> Bien plus haut que le jour
> Dans l'éblouissante clarté de leur premier amour. »

Cette œuvre de Prévert et Kosma* sans couplet ni refrain est caractéristique de l'univers réaliste du poète. Très courte, elle ne respecte pas les normes habituelles des chansons.

Elle fit sa première apparition en 1946 à la sortie du métro, dans une scène du film de Marcel Carné *Les Portes de la nuit*, interprétée par un chanteur des rues.

Deux ans plus tard, Germaine Montero l'enregistra.

D'autres grands amoureux des textes la reprirent : Yves Montand, Cora Vaucaire, Mouloudji, Les Frères Jacques, Juliette Gréco...

*Joseph Kosma (1905-1969), d'origine hongroise, fut l'un des plus grands musiciens français de cinéma, créateur d'une musique populaire superbe, ancrée dans la réalité quotidienne.
Son tandem avec Jacques Prévert (1900-1977) nous légua *Les Feuilles mortes* entre autres chefs-d'œuvre. Ce dernier, poète, dialoguiste, auteur de chansons et de contes, proche des surréalistes, provocateur anticonformiste et iconoclaste, générait un univers dans lequel la musique de Kosma trouvait immédiatement sa place.
Un génial duo honoré par Serge Gainsbourg dans *La Chanson de Prévert*.

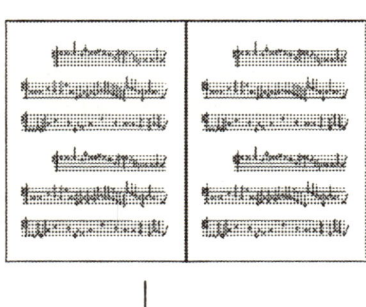

Ma cabane au Canada

1948 · Line Renaud

« Ma cabane au Canada
J'y reviendrai avec toi
Nous rallumerons le feu, tous les deux… »

Louis Gasté dit Loulou fut aussi prolifique en son temps qu'Obispo ou Goldman aujourd'hui.

Petit garçon de neuf ans, il découvrit le jazz en 1917. La fenêtre de sa chambre donnait sur une base américaine, le camp Pershing, près de la Porte des Ternes à Paris. Subjugué par cet incroyable rythme, le swing. il se prit d'une passion pour «ce balancement spécifique de la musique que l'on ne retrouve nulle part ailleurs et qui me faisait vibrer tout entier».

Trois ans plus tard, il se fit offrir un banjo et décida qu'il passerait sa «vie en musique». Il fut l'un des premiers à faire swinguer les mots et écrivit plus de trois cents chansons pour les plus grands interprètes.

En 1947, il rencontra la toute jeune Line Renaud. Il se consacrera plus particulièrement à sa carrière.

En attendant, il habite avec son père, dans un appartement rue Ruhmkorff, et vit dans un désordre «savamment entretenu».

Line vient de s'installer avec eux. Pleine de bonne volonté, elle entreprend de faire du rangement mais, emportée par son zèle, «fait tomber les piles de papiers qui encombraient le piano…»

Catastrophe! Loulou est furieux : «Comment as-tu osé toucher ce qu'il y avait sur le piano?»

Line s'explique et ajoute devant le musicien en rogne, aggravant son cas : «Enfin, j'ai bien briqué et tout est remis en ordre…»

Lui seul savait se retrouver dans ses papiers et il s'énerva.

Désolée, Line, cherchant à détourner son attention, lui montra alors une feuille mise à part, posée sur le clavier du piano : «Regarde le beau poème que j'ai trouvé au milieu de tout ça!»

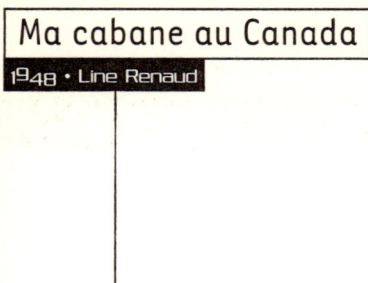

Le texte écrit par Mireille Brocey s'appelait *Ma cabane au Canada* et dormait là depuis un long moment. Loulou le parcourut et oublia sa colère. Il composa la musique en une demi-heure.

Il travailla avec l'arrangeur Marius Coste, partant de « la confidentialité de la guitare, ajoutant la rythmique, puis les cordes, enfin la richesse d'un orchestre et le lyrisme des chœurs, passant ainsi de l'ambiance intime de la cabane à la profondeur de la forêt et au romantisme d'une déclaration d'amour ».

Cette cabane canadienne fut le premier succès commun du couple Line/Loulou et existe depuis 1958 au fond de leur jardin sous forme d'un petit chalet.

Lorsque fut préparé l'hommage à Loulou Gasté – un CD sorti en mars 2001 –, Line Renaud destina *Ma cabane au Canada* à Garou.

Celui-ci, ému, refusa de changer un mot et la chanta telle qu'elle était dans sa version de 1948. Les bonnes chansons sont éternelles !

Femmes attentionnées qui voulez faire le ménage chez vos Pygmalion, soyez prudentes avant de mettre de l'ordre et assurez-vous préalablement que de jolis trésors poétiques n'attendent que vous...

L'Hymne à l'amour

1949 · Édith Piaf

« *Le ciel bleu sur nous peut s'effondrer*
Et la terre peut bien s'écrouler
Peu m'importe si tu m'aimes
Je me fous du monde entier… »

Il est aujourd'hui impossible d'écouter les premières mesures de cette chanson sans immédiatement l'associer au couple de légende Édith Piaf-Marcel Cerdan.

Nous l'avons dit, Piaf avait un réel talent d'écriture, mais personne ne se doutait à quel point ses mots pouvaient être prémonitoires. Ainsi, lorsqu'elle écrit en 1949 le texte de *L'Hymne à l'amour*, ignore-t-elle que ses vers : « Si un jour la vie t'arrache à moi, si tu meurs, que tu sois loin de moi… » résonneront bientôt dramatiquement.

Parmi tous les hommes qu'elle aima – et ils sont nombreux –, le boxeur Marcel Cerdan est celui qui a certainement le plus bouleversé la vie de Piaf. Contrainte à une toute relative discrétion, Cerdan étant marié et père de famille, la chanteuse attendait leurs retrouvailles comme une jeune fille espère le Prince Charmant.

Le 28 octobre 1949 au matin, dans son appartement de New York où elle donne une série de récitals, la chanteuse doit trouver à son réveil le plus beau des cadeaux : Marcel tout droit débarqué de Paris.

La réalité fut beaucoup plus douloureuse.

Les yeux encore embués de rêves, l'artiste décèle vite sur les visages défaits de ses proches que le pire est survenu. L'avion de « son » Marcel, avec quarante-huit autres passagers, s'est écrasé dans la nuit contre le Pico de Vera sur l'île de Sao Miguel, aux Açores.

Immédiatement, la direction du cabaret new-yorkais Le Versailles, où Piaf doit se produire le soir même, propose à la star d'annuler la représentation. Contre toute attente, elle décline l'offre : « Ce soir, je chanterai pour Marcel. »

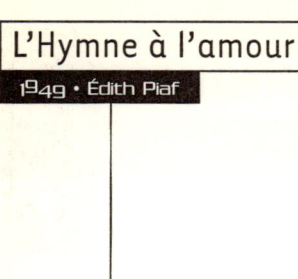

Elle ajoute aussitôt : « Si je chante, c'est une manière de le faire revenir… »

Au sixième morceau de son tour de chant, lorsque le pianiste Robert Chauvigny joue l'introduction de cet *Hymne à l'amour*, composée par Marguerite Monnot, Piaf, les yeux vers le ciel, plus blême que jamais, chante : « Nous aurons pour nous l'éternité, dans le bleu de toute l'immensité… », mais elle ne peut aller plus loin. Terrassée, envahie par le chagrin, elle s'effondre dans les bras de son pianiste.

50'

- ▌ Étoile des neiges
- ▌ Les Amoureux des bancs publics
- ▌ Only You
- ▌ Je bois
- ▌ Heartbreak Hotel
- ▌ Bambino
- ▌ Milord
- ▌ Ne me quitte pas

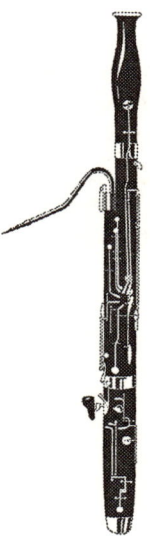

Étoile des neiges

1950 • Line Renaud

" Étoile des neiges, mon cœur amoureux,
s'est pris au piège de tes grands yeux... "*

Le Top 50, créé en 1984 à l'initiative de Pierre Lescure et Philippe Gildas, a eu au moins deux grandes vertus.

La première, celle d'en finir avec les discours extravagants des maisons de disques, affichant pour certains de leurs artistes des chiffres de ventes totalement fantaisistes.

La seconde, et ce n'est pas la moindre, celle d'avoir favorisé l'éclosion du groupe Simon et Les Modanais, inoubliables interprètes d'*Étoile des neiges*.

Ce disque est sorti dans l'indifférence générale, en janvier 1988. Il est entré au Top 50 dans le bas du classement et on a vu grimper au fil des semaines l'œuvre de ce Simon et ses Modanais, jusque-là inconnus au bataillon des chanteurs d'un jour.

Les montagnards ont tellement vendu de vinyles 45 tours qu'il n'a plus été possible aux radios de les ignorer.

C'est ainsi qu'*Étoile des neiges*, charmante ritournelle teutonne, interprétée en 1950 par Line Renaud, s'est offert une seconde jeunesse et a permis aux membres d'un groupe éphémère d'être vus au moins une fois à la télévision par leurs grand-mères et leurs cousines !

Les Amoureux des bancs publics

1952 · Georges Brassens

«
Les amoureux qui s'bécotent sur les bancs publics
Bancs publics, bancs publics
En s'foutant pas mal du regard oblique
Des passants honnêtes... »»

Aussi surprenant que cela paraisse aujourd'hui, cette bluette enregistrée parmi les premières chansons de Brassens, cette ode aux amours naissantes choqua les « bonnes gens » de l'après-guerre.

Il faut dire que Georges le sulfureux envoyait un message sentant la poudre, puisqu'il faisait des amoureux des bancs publics des émissaires chargés de provoquer l'ordre établi.

Les jeunes, libres de flirter en public sur des bancs que les gens croient destinés aux « ventripotents », illustraient la progression, encore timide mais certaine, d'une évolution des mœurs et des comportements.

Quatre ans après *Les Enfants qui s'aiment* « désignés du doigt par les passants », les amoureux de Brassens, semblables à ceux du dessinateur Peynet, se fichent « des passants honnêtes » et de leur code de bonne conduite.

De quoi se faire assurément une bien mauvaise réputation !

Only You

1953 · Les Platters

"
Only you can make this change in me
For it's true, you are my destiny...
"

Cette chanson a été composée à l'initiative d'un producteur de génie, Buck Ram, nullement chanteur, contraint de monter un groupe pour faire interpréter ses œuvres. Il embaucha des gens au chômage dont trois exerçaient leur talent en lavant des voitures sur la côte Ouest.

En 1953, à la sortie du disque, le bide est intégral. Buck remercia le très moyen chanteur du groupe et engagea l'irremplaçable Tony Williams.

Le film *Graine de violence*, avec le beau Sydney Poitier, à l'époque où les Noirs américains de certains États n'étaient pas citoyens, se projette alors sur les écrans. Dans l'une des scènes, on entend sortir d'un juke-box un slow irrésistible : *Only You*.

Le monde entier va découvrir et s'emparer de cette chanson en pleine explosion du rock et des surprises-parties.

Tube planétaire ! Six millions de disques vendus. On est fou d'*Only You* !

La suite est moins rose. Tony Williams, qui se drogue, va tomber malade et finir par tester le confort de la prison *made in USA*.

Les membres du groupe deviendront interchangeables.

Flairant la bonne affaire, certains petits malins imiteront les originaux, comme les Magic Platters, se présentant comme leurs petits cousins. Des sosies fleuriront, mais la magie n'y est plus. Les Platters, c'est fini, mais il reste une chanson indémodable.

Flirt, slow collé, caresses et plus si affinités dans les « boîtes », les baby-boomers et leurs aînés lui doivent de sacrées soirées !

Je bois

1955 · Boris Vian

*« Je bois systématiquement
Pour oublier les amis de ma femme... »*

Enregistrée en 1955 sur l'album « Chansons possibles et impossibles », elle est certainement l'une des plus belles et des plus désespérées sur le sujet.

« La vie vaut-elle d'être vécue, l'amour vaut-il d'être cocu ? »

À la lecture de ces deux vers comme de l'ensemble du texte, on comprend mieux pourquoi Boris Vian fut l'un des rares directeurs artistiques à croire immédiatement au talent d'un jeune auteur compositeur nommé... Serge Gainsbourg.

Il est bon de rappeler qu'en trente-neuf années d'une trop courte existence Vian fut tour à tour, et avec un égal bonheur, ingénieur, romancier, trompettiste, essayiste, parolier, chanteur, critique de jazz et, fort de tous ces talents, révélateur aussi de celui des autres.

Il nous laisse une œuvre livresque et chantée d'une richesse et d'une originalité rares. Il nous laisse aussi le droit de boire pour oublier que les Boris Vian ne sont pas nombreux dans le paysage musical actuel !

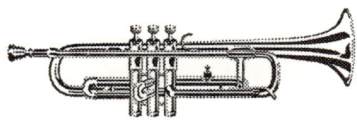

Heartbreak Hotel

1956 • Elvis Presley

" *Love*
Will make a high-class fool — oh, takes,
Your heart and break rules... "

« Le 10 janvier 1956, Elvis Presley enregistra *Heartbreak Hotel* et le monde capitula ! »

Cette sentence définitive a été prononcée par Roy Carr, éminent critique de rock and roll, qui comme beaucoup de journalistes n'en crut pas ses oreilles.

Il faut nous remettre dans le contexte de l'époque pour comprendre à quel point Elvis, avec cet enregistrement, va mettre le feu à toute une génération. George Harrison lui-même dit devoir à cette chanson son premier grand choc musical et il n'est pas le seul !

En un mois, ce disque se retrouve n° 1 au Bilboard, place qu'il garde huit semaines d'affilée. En avril, soit à peine quatre mois après sa sortie, il dépassera le million d'exemplaires vendus. Un véritable événement dans l'histoire de la musique populaire.

Et en matière d'histoire, celle de cette chanson présente un intérêt quasi sociologique.

Heartbreak Hotel est née d'un fait divers tragique paru dans le *Miami Herald* en 1955.

Les colonnes de ce quotidien relataient le suicide d'un homme non identifié qui avait laissé pour seul testament et seule explication de son geste un petit papier sur lequel on pouvait lire ces quelques mots : « *I walk a lonely street.* » (« Je marche dans une rue solitaire. »)

Émue par ce drame, Mae Axton écrivit en vingt minutes le texte que l'on connaît et Tommy Durden, la musique.

Proposé aux Wilburn Brothers et refusé, ce blues déchirant va ouvrir à Elvis les portes d'une carrière internationale.

Bambino

1956 · Dalida

Je sais bien que tu l'adores
Et qu'elle a de jolis yeux.
Mais tu es trop jeune encore
Pour jouer les amoureux...

Dans la guerre opposant les chanteuses à accent, Dalida, avec son *Bambino*, porte définitivement l'estocade à son ibère rivale Gloria Lasso.

Il faut bien le reconnaître, la fille du Caire a des arguments : une plastique quasi irréprochable, une ambition, une volonté à toute épreuve et un charme désarmant sous lequel est tombé Lucien Morisse, directeur des programmes de la station Europe n° 1.

D'ailleurs, dès qu'il entend les premières notes de *Gagliano*, « gamin » en italien, il pressent immédiatement qu'il tient là le premier gros tube de sa protégée. Et tant pis pour Gloria à qui la chanson fut un temps destinée. Dalida et *Bambino* tournent sur tous les Teppaz et trustent les premières places des hit-parades durant plus d'une année.

Il restera à Gloria ses nombreux maris pour pleurer !

Milord

1959 · Édith Piaf

> *Allez venez! Milord*
> *Vous asseoir à ma table*
> *Il fait si froid dehors*
> *Ici, c'est confortable...*

1958 : Édith Piaf vit une nouvelle passion amoureuse. L'entourage de la star est inquiet, le nouveau est trop jeune, trop séduisant. L'élu, Joseph Mustacchi, âgé de vingt-quatre ans, est beau comme un dieu grec. Il se fera connaître sous le nom de Georges Moustaki.

Comme à chaque fois, Édith, qui a l'habitude « d'élever » les hommes qu'elle aime, va s'ingénier à prouver que la dernière recrue a du talent, outre un physique avantageux.

Georges n'a jamais écrit pour elle mais il est prié de se mettre au travail. Piaf lui impose le sujet d'une chanson comme on mettrait un collégien devant une rédaction de français : deux amants, un dimanche, à Londres. Ils se séparent...

Élève studieux, Georges se plie à cet exercice et griffonne sur une table de restaurant un texte sans grand intérêt. Il se souvient des premiers vers :

C'était un dimanche à Londres
Dans le quartier du port,
Souvenez-vous Milord...

Édith corrige telle une institutrice et entoure d'un trait de stylo rouge le mot « Milord ».

« La chanson est dans ce mot ! » dit-elle.

Quelques jours plus tard, cette fois plus inspiré, Georges écrit d'un jet la version définitive que nous connaissons.

Édith, ravie, fait appel à Marguerite Monnot pour composer la musique.

Lorsqu'elle la chante pour la première fois devant Moustaki, tout y est, l'émotion, les gestes, le ralenti, le récitatif.

C'est du grand art.

Notons que *Milord* fut l'une des rares chansons interprétées en Conseil des ministres. À l'un d'eux qui faisait remarquer au général de Gaulle que certaines des mesures prises pourraient froisser les Anglais, le Grand Charles de sa grosse voix répondit : «Je leur chanterai : "Ne pleurez pas Milord!"», enchaînant tout le refrain devant ses ministres médusés...

Ne me quitte pas

1959 · Jacques Brel

> " *Je ferai un domaine*
> *Où l'amour sera loi,*
> *Où l'amour sera roi,*
> *Où tu seras reine…*
> *Ne me quitte pas…* "

Cette chanson est certainement l'une des plus poignantes qui ait jamais été écrite. L'interprétation magistrale de son auteur a marqué l'histoire de la chanson à la télévision.

Qui n'a pas vu en gros plan le visage ruisselant du Grand Jacques implorer qu'on ne le quitte pas ne sait rien de la souffrance amoureuse.

Pourtant cette œuvre bouleversante est née d'une petite valse guillerette.

En 1959, Gérard Jouannest, fraîchement sorti du Conservatoire de musique, accompagne l'artiste bruxellois en tournée. Brel, grattant la guitare, répète à l'infini une petite mélodie enlevée aux accents sud-américains.

À l'une des répétitions, l'artiste demande à Gérard de lui jouer cet air obsédant au piano. Ce dernier ralentit sensiblement le tempo et complète la ligne mélodique, achevant ainsi la musique.

Manque de chance, le pianiste n'a jamais songé à faire carrière dans la variété et il n'est pas membre de la Sacem. Brel signera donc seul la chanson.

Quant au texte, on a raconté tout et n'importe quoi. Suzanne Gabriello, un temps fiancée du chanteur, a souvent affirmé que cette œuvre lui était dédiée. Aucune certitude sur la question.

Ne me quitte pas

1959 · Jacques Brel

Ce qui est en revanche avéré, c'est que Brel n'aimait pas beaucoup *Ne me quitte pas*. À l'instar d'Édith Piaf affirmant, péremptoire : « Un homme ne devrait pas chanter des trucs comme ça ! », il déclarait au micro d'Emmanuel Poulet sur RTL en 1966 : « C'est un hymne à la lâcheté. À la lâcheté des hommes. C'est jusqu'où un homme peut s'humilier. Je sais qu'évidemment cela peut faire plaisir aux femmes, qui en déduisent assez rapidement que c'est une chanson d'amour... »

Aujourd'hui, reprise et traduite dans quasiment toutes les langues, *Ne me quitte pas* est l'une des rares chansons françaises à avoir fait le tour du monde.

60'

- Fais-moi du couscous chéri
- Are You Lonesome Tonight
- Tu t'laisses aller
- Non, je ne regrette rien
- Mon Dieu
- Panne d'essence
- Jolie môme
- West Side Story
- Tous mes copains
- Et maintenant
- Retiens la nuit
- La Javanaise
- L'école est finie
- Tous les garçons et les filles
- La Fanette
- Tombe la neige
- Belles, belles, belles
- Cécile
- Toujours un coin qui me rappelle
- Dès que le printemps revient
- La Belle Vie
- Satisfaction
- Yesterday

- Le Ciel, Le Soleil et La Mer
- Aline
- La Plage aux romantiques
- Noir c'est noir
- Les Play-Boys
- Strangers In The Night
- Ma plus belle histoire d'amour
- Céline
- Sarah
- All You Need Is Love
- Il est mort le soleil
- Le Petit Garçon
- Comme un garçon
- Le monde est gris, le monde est bleu
- La Bicyclette
- Ta cigarette après l'amour
- I'll Never Leave You
- Les Moulins de mon cœur
- Je t'aime moi non plus
- Le Métèque
- Adieu jolie Candy
- Que je t'aime
- Tu veux ou tu veux pas

Fais-moi du couscous chéri

1960 · Bob Azzam

> « J'ai une jolie femme dont je suis épris,
> Mais voilà le drame, elle se lève la nuit !
> Fais-moi du couscous chéri,
> Fais-moi du couscous... »

Semoule, merguez, pois chiches et boulettes sur fond de danse du ventre, voilà pour le moins une vision surréaliste de la guerre d'Algérie !

Alors que les bombes éclatent, que l'OAS se mobilise et que s'enflamment chaque jour les barricades d'Alger, Bob Azzam et ses cuivres caracolent en tête des hit-parades avec leur couscoussière.

Ils récidivent d'ailleurs la même année avec *Mustapha* composé par l'homme aux cigares, Eddy Barclay.

Vous l'aurez compris, les œuvres de Bob sont loin de restaurer le climat d'*Avoir vingt ans dans les Aurès*.

Pour preuve, le texte de *Fais-moi du couscous chéri* est d'une légèreté désarmante et relate l'histoire d'une épouse boulimique qui supplie son mari, même la nuit, de lui faire... du couscous, bien entendu !

À moins de soupçonner un langage codé et d'imaginer que ce *Fais-moi du couscous* est en fait une invitation à la « brouette mexicaine » ou à toute autre position inconnue du Kama-sutra, il n'y a vraiment pas de quoi en faire un tagine.

Notons que Bob Azzam, d'origine libanaise, n'a pas toujours fait dans l'oriental puisque sa carrière a débuté en Italie où il jouait le chanteur de charme.

Si la pâte à pizza est aussi calorique que la semoule, il faut croire que cette dernière nourrit mieux son homme.

Aux dernières nouvelles, pas si récentes que ça, Bob Azzam coulerait des jours heureux en Suisse...

Are You Lonesome Tonight

1960 · Elvis Presley

« *Are you lonesome tonight*
Do you miss me tonight?
Are you sorry we drifted apart?... »

Enregistrée sur l'album « Elvis Is Back », cette grande ballade du King va le remettre en selle après deux ans passés sous la bannière étoilée.

Lorsque la voix sensuelle de Presley susurre *Are You Lonesome Tonight*, il y a fort à parier que de nombreuses femmes mariées ont rêvé, l'espace d'un moment, redevenir célibataires !

Quand la star décide en avril 1960 d'inscrire ce slow à son répertoire, la chanson a quelques années de vol. Écrite en 1926 par Roy Turk et Lou Handman, elle a déjà été enregistrée à plusieurs reprises, et si le colonel Parker, célèbre mentor d'Elvis, lui suggère de se l'approprier, c'est simplement parce que c'est l'air préféré de sa femme, Marie !

Pas contrariant, le King s'exécute.

Dans son ouvrage de référence* sur la star, Jean-Marie Pouzenc relate avec précision comment Elvis, impressionné par le morceau, s'allongea sur le sol du studio, lumières éteintes, afin de s'imprégner de l'ambiance et du feeling de l'ensemble.

Il y est parvenu au-delà de toute espérance puisque *Are You Lonesome Tonight* détient le record du plus grand bond en avant de toute l'histoire du Top 40 américain.

Entrée à la 33e place, elle se retrouve n° 2 la semaine suivante et ne quittera bientôt plus la première place.

Neuf ans passent et Presley redonne malgré lui une nouvelle vie à cette ballade. Lors d'un show à Las Vegas, il est pris, en le chantant, d'un irrésistible fou rire. Cet enregistrement mythique va faire le tour du monde.

Are You Lonesome Tonight

1960 • Elvis Presley

Au rayon des *french versions*, il y a l'embarras du choix, de *Es-tu seule mon amour*, de Tino Rossi, à *Quand je suis seul le soir*, de Ringo Willycat, en passant par *Qu'est-ce que je fous sans toi*, de François Valéry. Trois adaptations qui, quel que soit leur intérêt, ne pourront jamais se mesurer à l'original.

* *50 ans avec Elvis*, éditions Didier Carpentier, 2003.

Tu t'laisses aller

1960 • Charles Aznavour

"
C'est drôle c'que t'es drôle à regarder
T'es là t'attends, tu fais la tête
Et moi j'ai envie de rigoler
C'est l'alcool qui monte à la tête... *"*

Avant d'accéder au rang de star internationale, Charles Aznavour fut d'abord un auteur prolifique pour tous les grands artistes que comptait la chanson française.

C'est ainsi que dans les années 50 il écrivit le texte de *Tu t'laisses aller* pour Philippe Clay.

Malheureusement, aucune bonne mélodie ne trouva sa place sur les vers de l'auteur. Qu'importe, Clay, grand interprète, superbe comédien, décida de les réciter sur scène et mit *Tu t'laisses aller* sans musique à son répertoire.

Quelques années plus tard, l'inspiration musicale apparut enfin à Aznavour et elle devint une vraie chanson qu'il enregistra en 1960 sur son album « Je m'voyais déjà ».

Depuis, lorsque les deux artistes se croisent, Philippe Clay ne manque jamais de demander au grand Charles des nouvelles de « sa » chanson...

Non, je ne regrette rien...

1961 • Édith Piaf

"
Non, rien de rien...
Non, je ne regrette rien...
Ni le bien qu'on m'a fait
Ni le mal, tout ça m'est bien égal ! *"*

5 octobre 1960, il est dix-sept heures. Charles Dumont et Michel Vaucaire se rendent au domicile d'Édith Piaf, boulevard Lannes, pour lui présenter une chanson.

Véritable star, interprète idéale, tous les grands auteurs-compositeurs rêvent de lui offrir leurs œuvres.

C'est le cas de Dumont et Vaucaire qui ont en poche leur nouvelle création : *Non, je ne regrette rien*.

Pourtant, dès le pas de la porte, Dumont, anxieux, regrette d'être venu. Piaf ne l'apprécie pas et il le sait. Deux fois déjà, il s'est vu éconduire sans ménagement par la chanteuse. Il s'était juré de ne plus jamais rien lui proposer et il a fallu toute l'insistance de son ami pour qu'il accepte ce nouveau rendez-vous.

Soyons francs, l'accueil n'est pas des plus chaleureux. La gouvernante de Piaf semble effondrée en les recevant : « Quoi ! Vous n'avez pas reçu mon télégramme ? Édith est souffrante... Elle ne peut pas vous recevoir ! »

Une voix éraillée, à peine sortie du sommeil, leur parvient du fond du couloir : « Puisqu'ils sont là, laisse-les entrer ! »

Après quarante-cinq minutes d'attente dans le vestibule, la grande dame apparaît enfin. Très aimable avec Vaucaire, elle salue à peine Dumont.

C'est pourquoi, lorsqu'il s'approche du piano, Charles est sous pression. Furieux, il exécute rageusement, au vrai sens du terme, la nouvelle chanson.

Non, je ne regrette rien...
1961 • Édith Piaf

À la fin, après un silence pesant, la sentence, tombe sans appel : «Dumont, aujourd'hui vous m'avez apporté une chanson qui va faire le tour du monde!»

Voilà comment le compositeur est entré dans la vie professionnelle de celle qui le chantera jusqu'à la fin de ses jours.

C'est elle qui le poussera à monter sur scène, lui ordonnant, le mot n'est pas trop fort, d'interpréter et d'enregistrer avec elle *Les Amants*...

Mon Dieu

> " *Mon Dieu, mon Dieu, mon Dieu*
> *Laissez-le moi*
> *Encore un peu*
> *Mon amoureux...* "

Charles Dumont avait composé cette chanson bien avant de travailler pour Édith Piaf.

D'ailleurs, dans sa première mouture, elle n'avait rien de divin !

Elle s'intitulait *Toulon, Le Havre, Anvers* et les paroles signées Michel Vaucaire vantaient le charme des villes portuaires...

Dumont avait bien tenté de la présenter aux Compagnons de la Chanson, sans succès.

Quelques années plus tard, un soir qu'il vient faire répéter Piaf à son domicile, la chanteuse a la bonne idée de demander à son compositeur si, à tout hasard, il n'aurait pas « un nouveau truc à lui montrer ».

Après la réussite de *Non, je ne regrette rien*, on comprend qu'Édith soit friande des « trucs » de Dumont !

Alors, Charles se met au piano et lui chante *Toulon, Le Havre, Anvers*. Immédiatement l'artiste émet de franches réserves sur le texte et, là où d'autres se seraient contentés de refuser l'ensemble, Piaf a le talent de retenir la mélodie, qu'elle trouve formidable.

Lorsque Charles lui révèle le nom de l'auteur, elle prend le téléphone et, malgré l'heure tardive, réveille le malheureux Vaucaire en plein sommeil. Bien évidemment, elle branche l'ampli de l'appareil pour que Dumont profite de la conversation. Elle sera du reste fort brève.

Le parolier se voit poser un ultimatum : il a jusqu'au lendemain dix-sept heures précises pour revoir sa copie et apporter à Piaf un texte digne d'elle.

Faute de quoi elle appellera un autre auteur.

Après un tel coup de fil, allez retrouver le sommeil ! Vaucaire sort des limbes, tourne en rond dans son appartement en se demandant ce

qu'il va bien pouvoir inventer. Dans la fièvre et l'inquiétude, il invoque régulièrement le ciel : «Mon Dieu, mon Dieu, que puis-je lui proposer?» jusqu'à se résoudre à intituler son texte *Mon Dieu*, lequel, cette nuit-là, semble finalement lui être venu en aide.

Lors de sa sortie, bien qu'un peu reléguée au second plan par le succès fulgurant de *Non, je ne regrette rien*, cette œuvre n'en demeure pas moins l'une des plus intenses et des plus connues de par le monde du répertoire d'Édith Piaf.

Panne d'essence

" Oh, dans le fond nous avons de la chance
D'être tombés en panne d'essence
Après tout ici on est très bien
Je ne regrette vraiment rien...
"

Début des années 60, Sylvie Vartan est élève au lycée Hélène-Boucher à Paris. Outre obtenir son bac, elle espère faire du théâtre, entrer au Conservatoire, et ne songe nullement à chanter.

Son frère, Eddy, producteur, lui raconte un jour que Frankie Jordan cherche une voix haut perchée pour un duo et que la sienne ferait très bien l'affaire. Le mannequin vedette Gillian Hills a préféré se tourner vers le cinéma plutôt que d'accompagner Jordan sur son nouveau vinyle quatre titres.

Sylvie se laisse entraîner dans l'aventure sans la prendre au sérieux. Elle sèche un cours de maths, qu'elle n'aime pas, et enregistre *Panne d'essence*.

Quatre cent mille 45 tours sont vendus en un mois !

Cette fulgurance décide Sylvie à continuer. À la suite de ce duo, elle chantera seule et sera très rapidement en première partie du spectacle de Vince Taylor à l'Olympia !

Frankie Jordan, alias Claude Benzaken, est aujourd'hui un dentiste réputé.

Sylvie Vartan, elle, en a un peu assez que des programmateurs de télévision en panne d'inspiration rediffusent sans cesse sa panne d'essence...

Jolie môme

" T'es qu'une vamp qu'on éteint
Comme une lampe au matin
Jolie môme...
"

Jolie môme, l'un des plus grands succès de l'auteur-compositeur Léo Ferré, ou comment une chanson «d'homme» érotiquement misogyne a séduit au moins deux femmes – et quelles femmes !

Catherine Sauvage, qui fut la première à chanter du Ferré, et Juliette Gréco, qui, après avoir interprété du même auteur des chansons comme *L'amour c'est comme les chevaux*, signe là sa vraie rencontre avec Ferré.

Plus de quarante ans après sa création, cette sacrée vamp fait toujours partie du répertoire de la Grande Jujube...

West Side Story

1961 • divers interprètes

*" Maria! I've just kissed a girl named Maria,
And suddenly I've found how wonderful sound can be...*
"

Forte de chefs-d'œuvre comme *Maria, America* ou *Tonight*, voici l'une des comédies musicales les plus célèbres du monde. Transposition de *Roméo et Juliette*, enfants d'un certain William Shakespeare, elle a fait chanter, danser et pleurer tout humain pourvu d'oreilles opération-nelles !

Tout commence en 1949. Bien avant Gérard Presgurvic, l'idée d'adapter en comédie musicale cet amour contrarié est née après une longue conversation entre le chorégraphe Jérôme Robbins et le compositeur Léonard Bernstein.

À l'origine, ce projet avorté devait relater les amours impossibles d'une jeune fille juive et d'un garçon catholique de New York.

Six ans plus tard, alors que l'émigration portoricaine connaît une inflation croissante aux États-Unis, le racisme qu'elle provoque amène les auteurs à reconsidérer leur message. Ils puisent dans les faits divers de la vie quotidienne américaine les éléments pour nourrir leur intrigue.

L'action se situera dans un quartier misérable de la Grosse Pomme où deux bandes rivales, l'une portoricaine, l'autre américaine, s'affronteront sans pitié. Une belle et terrible passion amoureuse pimentera le tout.

West Side Story triomphe sur scène dès 1957, mais il faut attendre octobre 1961 pour que le film sorte en salles. Toute une jeunesse s'iden-tifie à Nathalie Wood, George Chakiris et Rita Moreno.

Dix oscars et une postérité sans égale légitiment l'appellation de grand classique du septième art.

Avec son traitement réaliste et sa fin plutôt tragique, *West Side Story* marque une rupture avec les grosses productions hollywoodiennes de l'époque.

Quant aux chansons *Maria* et *America*, cinquante ans après leur sortie, elles se promènent encore sur toutes les lèvres et dans tous les cœurs...

Tous mes copains

1962 · Sylvie Vartan

"
L'armée me les emmène
Par les quatre chemins
La nuit me les ramène
Sans attendre demain... *"*

C'est la toute première chanson écrite, paroles et musique, par Jean-Jacques Debout pour Sylvie Vartan. Ce ne sera pas la dernière.

Mis à part Chantal Goya, son épouse, Sylvie est certainement la chanteuse par qui l'œuvre de Debout a été la plus défendue.

Je chante pour Swannee, *Comme un garçon* et tant d'autres tubes illumineront les shows des Carpentier le samedi soir à la télévision.

Notons ces paroles de *Tous mes copains* : « L'armée me les emmène ».

Elles se réfèrent à la guerre d'Algérie qui fait encore rage en cette année 1962.

Quant au mot « copain » il est tellement utilisé dans les textes de l'époque que l'on peut légitimement se demander s'il n'était pas à lui seul la garantie d'un succès discographique !

Et maintenant...

> *Et maintenant, que vais-je faire*
> *Vers quel néant glissera ma vie*
> *Tu m'as laissé la terre entière*
> *Mais la terre, sans toi c'est petit...*

Une veille de week-end, Gilbert Bécaud est assis dans un avion à destination de Nice. Il voyage en fort bonne compagnie, celle d'Elga Andersen, actrice et chanteuse dont les heures de gloire se situaient dans les années 60. La jeune femme, très joyeuse, va retrouver son fiancé sur la Côte d'Azur.

Le lundi matin suivant, Monsieur 100 000 volts retrouve Elga dans l'appareil du retour. Cette fois, l'euphorie a laissé place à une désespérante vallée de larmes! La *love story* s'est transformée en chagrin d'amour et la pauvre est inconsolable.

À l'atterrissage, galant homme, Gilbert Bécaud invite la belle à prendre le petit déjeuner chez lui. Ni le café ni les croissants ne la calment, elle répète inlassablement : «Et maintenant, qu'est-ce que je vais faire?»

Si le désarroi de l'actrice l'émeut, Gilbert Bécaud est avant tout un artiste.

Dès que le taxi d'Elga disparaît, il se précipite sur son clavier et improvise une mélodie assortie de quelques paroles : «Et maintenant, que vais-je faire?...»

Bécaud convoque sur-le-champ son parolier, Pierre Delanoë, attentif aux descriptions du chagrin d'Elga. Durant un moment, il cherche à terminer la chanson, mais à l'époque son moral est au beau fixe et Delanoë a beaucoup de mal à laisser parler le désespoir.

Quelques mois plus tard, seulement, il parviendra à y mettre un point final, à Bruxelles.

Et maintenant...

C'est de la capitale européenne que s'envolera *Et maintenant* pour devenir l'une des meilleures ambassadrices de la chanson française dans le monde.

Jouée à la trompette par un certain Herb Alpert, la version instrumentale de *And Now My Love*, son titre anglais, se classe première de tous les tops américains. Frank Sinatra, Barbra Streisand, Le King Presley lui-même... toutes les grandes voix d'outre-Atlantique ont interprété cette œuvre, ignorant le plus souvent son acte de naissance français !

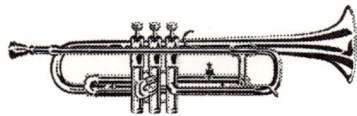

Retiens la nuit

"
Retiens la nuit
Pour nous deux
Jusqu'à la fin du monde...
"

À l'époque de la déferlante yé-yé, nombreux ont été les profession-nels « installés » à se gausser de ces nouveaux venus.

Charles Aznavour fut l'une des rares grandes vedettes de sa géné-ration à les défendre et à ne pas hurler avec les loups.

C'est ainsi qu'il a notamment pris sous son aile Johnny Hallyday.

Souvenons-nous qu'au tout début des années 60 Jojo était loin d'être considéré comme l'idole nationale qu'il est devenue. Une bonne partie des « décideurs » le méprisaient souverainement, à l'instar de Lucien Morisse, pape des variétés sur Europe 1, qui avait été jusqu'à briser l'un de ses disques vinyles en direct à l'antenne !

Aznavour ne participe pas à ce lynchage médiatique, bien au contraire. Il pressent chez Johnny ce « quelque chose en plus », ce charisme indéfinissable qui fait l'étoffe des grandes stars.

Voilà pourquoi, comme il l'a fait dans le passé pour Édith Piaf, Marcel Amont, Philippe Clay, Juliette Gréco, Charles endosse son habit de tailleur musical pour offrir à Johnny un costume sur mesure : *Retiens la nuit*.

La qualité de l'écriture de cette chanson va permettre à Hallyday de récolter une respectabilité nouvelle. Au royaume de la niaiserie ambiante, la prose « aznavourienne » tranche singulièrement.

Le public ne s'y trompe pas et fait de cette douce ballade l'un des gros tubes de l'année 1962.

Quelque deux ans plus tard, Charles Aznavour récidivera, toujours avec son collaborateur Georges Garvarentz, en offrant à Sylvie Vartan un autre énorme succès : *La Plus Belle pour aller danser...*

La Javanaise

1962 · Serge Gainsbourg

« *Ne vous déplaise*
En dansant la Javanaise
Nous nous aimions
Le temps d'une chanson... »

« *La Javanaise*, Serge l'écrivit sur un coup de corps, un coup de tête, un coup de cœur... »

L'émotion de Juliette Gréco est encore très vivace lorsqu'elle évoque sa première rencontre avec un Gainsbourg encore inconnu.

La chanteuse se souvient surtout d'un regard, de deux yeux « grands comme des lacs » dans lesquels elle avoue être tombée.

Sous le charme de ce premier rendez-vous, Juliette invite Serge à dîner chez elle dès le lendemain.

« J'étais d'une humeur de rose... Nous avons beaucoup bu, nous avons beaucoup ri et devant un Gainsbourg étonné je me suis mise à danser. »

Les deux artistes ivres de bonheur se quittent au petit matin...

Dès midi, pourtant, le téléphone sonne au domicile de Juliette : « Je vous ai écrit une chanson », annonce timidement un Gainsbarre à la voix embrumée. Et quelle chanson !

En s'inspirant du javanais, argot parisien du début du XXe siècle, Serge a ciselé tel un bijou un magnifique texte tout en allitérations en « av ».

Dès la première écoute, Gréco, de son propre aveu, est tout de suite « tombée raide » et a mis immédiatement *La Javanaise* à son répertoire. Elle ne sera pas la seule.

Cette chanson reste l'œuvre emblématique du poète provocateur à l'infinie délicatesse.

L'école est finie

1962 · Sheila

« J'ai bientôt dix-sept ans, un cœur tout neuf
Et des yeux d'ange,
Toi tu en as dix-huit mais tu en fais dix-neuf
C'est ça la chance... »

Peu d'artistes en France ont eu la carrière de Sheila : 70 millions de disques vendus, 42 disques de platine, 89 disques d'or, 14 disques d'argent !

Des couettes avec jupe à carreaux yé-yé, «pattes d'eph» au look disco et période américaine, elle a traversé les époques avec un inamovible sourire malgré tempêtes et rumeurs – car elle ne fut pas épargnée.

Ajoutons à son talent une force de travail hors du commun et une détermination farouche pour tenter d'expliquer la longévité de cette «petite fille de Français moyens...»

Sheila chantait tout le temps, répétait sans cesse, «bossait» sans relâche sous la pression de son producteur Claude Carrère.

La fabrication de ce 45 tours tenait du bricolage avec bouts de Scotch. Le côté artisanal faisait le charme de l'époque, personne ne se prenait au sérieux. Exemple : les amis, le producteur, l'entourage faisaient les chœurs de *L'école est finie*, et après «Donne-moi ta main» tout le monde tapait dans les siennes.

À l'écoute, le son se révéla insuffisant. Carrère prit alors la porte d'une armoire du studio où l'on rangeait les bandes-son, la claqua contre le meuble et dit : «Voilà le "bang bang" !»

Ce qui fut gravé sur le disque est le bruit d'une planche cognée contre une armoire...

Lorsque l'on demande à la chanteuse ce qu'elle ressent en entendant *L'école est finie* sur les ondes, elle répond : «Je me dis qu'ils pourraient peut-être passer autre chose !»

À bon entendeur, salut !

Tous les garçons et les filles...

1962 · Françoise Hardy

"

Oui mais moi, je vais seule,
Par les rues, l'âme en peine,
Oui mais moi, je vais seule,
Car personne ne m'aime...

"

Inspirée par *Lonely Boy*, de Paul Anka, cette chanson va devenir le cri de ralliement de toutes les adolescentes introverties et esseulées.

Son interprète, Françoise Hardy, passe à l'époque pour une intellectuelle... Normal, elle est inscrite en licence d'allemand !

Découverte à l'âge de dix-sept ans lors d'une audition aux disques Vogue, cette ancienne élève du Petit Conservatoire de Mireille va vite devenir l'une des figures de proue des chanteuses des sixties.

À la différence de ses petites camarades, Françoise Hardy est auteur-compositeur, même si dans le cas de *Tous les garçons et les filles* elle dut cosigner la musique avec son arrangeur Roger Samyn.

À l'époque, un règlement désormais révolu de la Sacem – Société des auteurs-compositeurs éditeurs de musique – imposait de savoir lire et écrire la musique.

Tous les mélodistes n'ayant pas forcément appris les lois du solfège se retrouvaient donc dans l'obligation de collaborer avec des techniciens qui bien souvent ne découvraient la chanson que le jour de son dépôt.

Outre ses talents d'écriture, la chanteuse a un physique qui ne laisse pas indifférent.

Henri Salvador ne s'y est pas trompé. En découvrant le Scopitone de *Tous les garçons et les filles*, réalisé par Claude Lelouch, il décide sur-le-champ de produire la débutante.

Trop tard, la belle Françoise est déjà partie pour une longue carrière...

La Fanette

1963 • Jacques Brel, Isabelle Aubret

> *Faut dire qu'ils ont ri*
> *Quand ils m'ont vu pleurer*
> *Faut dire qu'ils ont chanté*
> *Quand je les ai maudits…*

Édith Piaf affirmait qu'un(e) interprète est celui (celle) qui donne du talent à ses auteurs.

C'est bien le cas d'Isabelle Aubret, blonde, douce, amoureuse des beaux textes mais néanmoins soldate courageuse.

Elle a vingt ans en 1963. Une carrière prometteuse se profile, elle assure même la première partie du spectacle de Jacques Brel.

Elle attend une version féminisée de *La Fanette*, demandée à l'auteur et qui tarde à venir.

Un très grave accident de voiture manque de la tuer. Outre de nombreuses fractures, elle a reçu le rétroviseur en pleine face et son visage est très abîmé.

Brel vient la voir à l'hôpital et ressort persuadé qu'elle ne remontera jamais sur scène. Il dit au producteur Gérard Meys : « Il faut faire quelque chose pour elle. On va lui donner *La Fanette*. Tous les droits d'auteur, les droits d'édition, tout ce qui rapportera de l'argent sera pour elle. »

Ce qui sera fait, aidant beaucoup la chanteuse qui se battra et reviendra devant le public.

Pour Isabelle, le geste de Brel va au-delà de la générosité, c'est un acte d'amour.

Il aimait préciser : « Parlez-moi de générosité, pas de charité. Je passe mon temps à la faire, simplement parce que je suis trop faible pour imposer la justice… »

Tombe la neige

1963 · Salvatore Adamo

"
Tombe la neige
Tu ne viendras pas ce soir
Tombe la neige   *"*
Tout est blanc de désespoir…

Salvatore Adamo a dix-sept ans. Sa petite amie du moment, probablement un peu volage, lui « pose un lapin ». Il prend alors la météorologie à témoin de son chagrin et compose *Tombe la neige*. Le lapin se transforme en jackpot !

Plus de cinq cents versions enregistrées transforment une indélicatesse en succès international et en phénomène de société au pays du Soleil-Levant !

Il a suffi qu'une chanteuse nippone l'enregistre pour que *Yuki Wa Furu*, son titre japonais, reste plus de soixante-douze semaines en tête des hit-parades !

Utilisée dans une dizaine de spots publicitaires différents, dont celui de la prestigieuse firme Toyota, *Tombe la neige* a élevé Adamo au rang de star au Japon. Il s'y rend depuis pratiquement tous les ans pour des séries de concerts, toujours à guichets fermés.

D'ailleurs, c'est lors d'un de ses déplacements que Salvatore entendit dans l'avion une version de son œuvre qu'il ne connaissait pas encore. Intrigué, il demanda à l'hôtesse de se renseigner.

Celle-ci, quelques instants plus tard, lui annonça tout sourire qu'il s'agissait d'une mélodie traditionnelle du folklore japonais !

Comment tenter d'expliquer un tel engouement ?

Notons simplement ce qui peut être un élément de réponse. Dans sa métrique, *Tombe la neige* correspond à la découpe des célèbres haïkus, petits poèmes japonais alternant des vers de cinq et sept pieds.

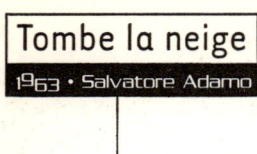

Démonstration :
Tombe la neige (5 pieds)
Tu ne viendras pas ce soir (7 pieds)
Tombe la neige (5 pieds)
Et mon cœur s'habille de noir (7 pieds)

Enfin, décalage amusant, sortie en Belgique durant l'hiver 1963, la neige d'Adamo ne recouvrira la France qu'à l'été 1964.

Si tant de couples se sont serrés si fort en dansant sur cette chanson, c'était sûrement pour briser la glace...

Belles, belles, belles...

1963 · Claude François

"
Elles te rendront fou de joie
Fou de douleur mais crois-moi
Plus fou d'elles, d'elles, d'elles
De jour en jour...
"

Vline Buggy, toute jeune parolière, est sollicitée, une belle matinée de 1962, pour adapter en français la chanson *Made To Love*, de Phil Everly, du célèbre groupe Everly Brothers.

Le refrain, assez entraînant, dit quelque chose comme : «*Girl, girl, girl*»... adapté en : «Rien, rien, rien... que notre amour».

Puis, comme souvent, le temps passe...

L'éditeur du texte le propose à Lucky Blondo, très connu à l'époque, qui le refuse sans appel.

Faute de grives, on mange des merles, dit l'adage, et le titre est proposé à un débutant nommé Claude François qui, sous le nom de Koko, avec le Nabou Twist, a commis un premier disque aux accents orientaux.

Dopé par une ambition de dévorer le monde, le petit nouveau ose tout. Il commence par demander à la parolière de retravailler son texte car, fort justement, il trouve que les «Rien, rien, rien que notre amour» du refrain ne sonnent pas.

Vline remet l'ouvrage sur le métier et trouve : «Belles, belles, belles comme le jour».

Une fois la chanson enregistrée, le moins que l'on puisse dire est que le jeune homme ne ménage pas ses efforts pour la diffuser. Le meilleur attaché de presse de Claude François restera toujours Claude François lui-même !

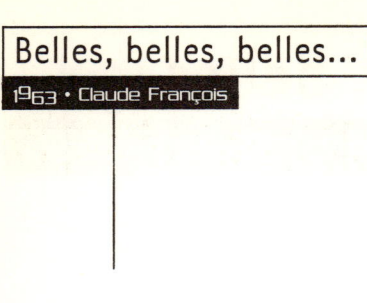

Belles, belles, belles...
1963 · Claude François

Il veut déjà, en excellent « pro », tout maîtriser de la communication :
il force la porte des programmateurs pour faire écouter son disque, ne
laisse rien au hasard et va, certaines nuits, jusqu'à coller lui-même sur
les murs ses propres affiches publicitaires !

Son opiniâtreté et son talent s'avèrent payants : la chanson finit par
faire son entrée dans les hit-parades.

Il est temps pour Clo-Clo de tourner son premier Scopitone, l'ancêtre
du clip, à Megève, en se tortillant dans la neige, avec pour réalisateur
un cinéaste débutant nommé Claude Lelouch.

Deux Claude qui, plus tard, feront parler d'eux...

Cécile

1963 • Claude Nougaro

" Elle voulait un enfant
Moi je n'en voulais pas
Mais il lui fut pourtant facile
Avec ses arguments, de te faire un papa,
Cécile, ma fille... "

Comme la plupart des œuvres de Claude Nougaro, cette chanson lui fut offerte par les réalités de la vie.

Le 28 mai 1962, cette réalité prit les traits d'une petite Cécile qui bouleversa le cœur et le quotidien du poète.

Transcendé par cette naissance, il accoucha à son tour, mais d'un magnifique texte que le compositeur Jacques Datin mit talentueusement en musique.

Cécile commence donc sa vie de chanson, diffusée sur les ondes dès le début de l'année 1963.

Parmi les auditeurs séduits, l'un d'entre eux ou plutôt l'une d'entre elles s'intéresse plus particulièrement à cette nouveauté. Elle se nomme Édith Piaf.

Avec l'instinct légendaire qui la caractérise et un remarquable flair pour détecter les nouveaux talents, elle est interpellée par cette voix, ce phrasé, cette façon de faire danser les mots. Alors, comme à son habitude, en pleine nuit, elle téléphone... à ce Nougaro qu'elle ne connaît pas !

À l'autre bout du fil, le jeune père de famille ne dort pas. Il a toutes les peines du monde à consoler et à bercer sa petite Cécile en pleurs ! Il est au comble de l'embarras lorsque Piaf, désireuse de le rencontrer, lui demande de venir sur l'heure à son domicile.

Magnanime, la star propose de lui envoyer son chauffeur et sa voiture.

Et c'est accompagné de Cécile, bébé emmitouflé, que l'artiste fait la connaissance d'Édith. Elle veut absolument que l'auteur toulousain lui écrive des chansons.

Cécile
1963 • Claude Nougaro

Malheureusement, la vie va en décider autrement. Peu de temps après, le 11 octobre 1963 exactement, Piaf s'éteint sans que Nougaro ait eu le temps de lui prêter sa plume, nous laissant regretter ce qu'une telle collaboration aurait pu produire comme chefs-d'œuvre...

Maintenant qu'à son tour il a rejoint le paradis des poètes, Claude Nougaro a toute l'éternité pour offrir à Piaf la beauté de ses couplets.

Toujours un coin qui me rappelle...

« *Je marche seul le long des rues*
Où nous allions tous deux avant.
À chaque pas, je me souviens
Comme on s'aimait auparavant... »

Hiver 1964... Ce frisquet matin-là, monsieur Eddy enregistre des nouveautés dont le titre phare est *Toujours un coin qui me rappelle*.

La genèse de cette chanson démontre à quel point le show-business est une grande famille où tout le monde s'aime...

À l'origine, ce morceau a été enregistré par un dénommé Lou Johnson, chanteur de rhythm and blues américain, et est passé totalement inaperçu.

Seules les oreilles fines de « Schmoll » ont capté le potentiel de cette mélodie.

Il demande donc au parolier Ralph Bernett d'adapter rapidement des paroles françaises. Le résultat est étonnant. L'ensemble est si juste que les mots semblent faire corps depuis toujours avec la musique.

Au studio où travaille Mitchell, un assistant du nom de John Barry s'intéresse de très près à la chanson.

Vous avez bien lu : John Barry, celui qui composera la musique des films de James Bond et le générique du feuilleton « Amicalement vôtre ».

Pour le moment, il est très jeune, fait encore ses gammes, mais il a déjà un goût très sûr.

Lors de la dernière séance, il demande à Eddy l'autorisation d'emporter chez lui une copie de l'enregistrement, tant celui-ci lui plaît. Confiant, l'artiste lui donne son accord.

Surprise : quelques semaines plus tard *There Is Always Something There To Remind Me* devient un hit mondial, interprété par Sandy Show qui était à l'époque... la fiancée de John Barry !

Quand le malheureux Eddy sortira sa version, il donnera l'impression de vouloir profiter du succès de Sandy.

Franchement, elle est pas belle la vie ?

Dès que le printemps revient

« Je repense à ses yeux
Dès que le printemps est là
Je revois nos adieux
Dès que le printemps s'en va... »

Grand Prix de l'Eurovision 1964 : Hugues Aufray est choisi pour représenter le Luxembourg.

Il compose la veille, avec Jacques Plante, une ballade nostalgo-buco-lique, *Dès que le printemps revient*.

Le lendemain, pour le concours, il impose trois musiciens en plus de l'orchestre symphonique : ce qui alors n'était pas l'usage.

Il fait un effort de présentation vestimentaire (*sic*) et se classe troi-sième !

Le plus amusant est ailleurs. Lors de la répétition, l'intuition d'Hugues Aufray lui fit comprendre que la petite Gigliola Cinquetti, seize ans, allait gagner avec *Non Ho L'Eta*.

La trouvant mignonne, il s'assied près d'elle, et pendant les délibé-rations télévisées on ne verra qu'eux deux.

Bien joué pour la promo !

La Belle Vie

" Ô, la belle vie
On est seul
On est libre
Et l'on s'aime... "

Il est regrettable que dans notre beau pays il faille attendre le décès de certains artistes pour admettre leur talent.

Ainsi, depuis sa disparition, fleurissent de nombreuses louanges à propos de Sacha Distel, rappelant qu'il ne fut pas seulement un sourire à la blancheur éclatante.

Mélodiste délicat, « Sacha Sunny Voice », son surnom outre-Manche, a fait partie du cercle très fermé des compositeurs français dont une œuvre a fait le tour du monde.

Son passeport : *La Belle Vie.*

Laissons Sacha nous raconter son histoire...

« J'avais écrit une mélodie guitare, *Le Thème de Marina*, pour illustrer une scène d'amour entre Marina Vlady et Samy Frey dans un film, *Les Sept Péchés capitaux*, tourné par plusieurs réalisateurs « nouvelle vague » : Chabrol, Truffaut, Vadim, etc. Ce dernier était l'auteur du sketch traitant de l'orgueil.

« Le film sort aux États-Unis et la chanson est remarquée par le grand Tony Bennet qui cherchait à compléter un album. Il utilise ma musique, réécrit les paroles et le tout devient n° 1 !

« Je l'ignore encore...

« Un soir, dans une boîte de nuit en Belgique, effaré, j'entends la version américaine ! Je saute à la gorge du disc-jockey : "On m'a piqué ma chanson... on m'a piqué ma chanson..."

« J'appelle, furieux, mon copain éditeur américain qui m'annonce, joyeux : "En plus de Tony Bennet, Sinatra va la chanter, arrangée par Quincy Jones et jouée par Count Basie. Je voulais t'annoncer tout en même temps !"

«Ma colère est tombée d'un coup! J'ai refait faire de nouvelles paroles par Jean Broussolle d'après le texte anglo-saxon. Beaucoup d'autres artistes américains l'ont chantée, environ cinq cents reprises de *The Good Life* existent.

«*La Belle Vie* est devenue ma référence. Les musiciens aiment cette chanson, ils me le disent souvent.

«Eh bien malgré cet énorme succès, les ventes en France ont été faibles, ce slow ne passait pas sur les ondes bien qu'il soit premier aux États-Unis! C'est ainsi!»

Sacha Distel, jazzman, neveu de Ray Ventura, homme de charme au sourire *sunlight*, animateur dix années durant du «Sacha Show» de Maritie et Gilbert Carpentier, est parti trop jeune, après une belle vie, faire swinguer les nuages.

Salut l'artiste!

Satisfaction

1965 • Les Rolling Stones

" I can't get no satisfaction
I can't get no satisfaction
And I try, and I try, and I try, and I try... "

L'introduction musicale de *Satisfaction*, certainement la plus célèbre de toute l'histoire de la musique rock, devait à l'origine être jouée à la trompette !

Keith Richards, le génial compositeur des Rolling Stones, le confessait au magazine *Guitar Part* en septembre 2002.

Le riff de *Satisfaction* à la trompette aurait changé la face du monde pour tous les guitaristes amateurs de la planète qui ont fait leurs armes sur ce célèbre morceau.

Et il s'en est vraiment fallu de peu !

La mélodie était venue tout naturellement à Keith lors d'un voyage en Floride, au cours d'une insomnie. Il se dépêcha d'enregistrer l'air magique.

D'un trait de plume Mick Jagger trouva la phrase : « *I can't get no satisfaction* ».

Lorsqu'au printemps 1965 Keith Richards prépare la maquette, il branche sur sa Gibson un tout nouveau gadget, une pédale *fuzztone* destinée à donner à la guitare ce drôle de son que nous connaissons tous.

Dans les prévisions du compositeur, ce riff de guitare électrique devra être remplacé lors de l'enregistrement définitif par des trompettes. Il part en tournée, prêt à faire venir les cuivres en studio à son retour.

Quelle n'est pas sa stupéfaction d'entendre deux semaines plus tard *Satisfaction* à la radio !

Fou de rage, le guitariste téléphone à la maison de disques et hurle : « Mais c'est pas fini, c'est juste une maquette ! »

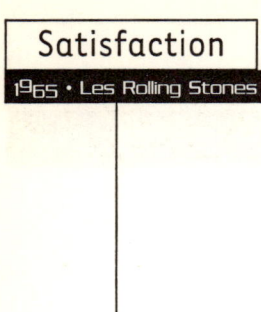

Et son producteur, Andrew Loog Oldham, de répondre : « Non, non, c'est un tube ! »

Retrouvant son calme devant un tel raz-de-marée, Keith, fataliste, déclarera quelques années plus tard à ce propos : « Ce sont des choses qui arrivent souvent. Regardez les peintres, leurs esquisses sont souvent mieux réussies que le tableau final... »

Yesterday

1965 · Les Beatles

" Yesterday, love was such an easy game to play
Now I need a place to hide away
Oh, I believe in yesterday… "

Si quelqu'un vous dit : « *Scrambbled eggs, oh, you've got such lovely legs…* », en français « Œufs brouillés, vous avez de si jolies jambes… », vous risquez de prendre votre interlocuteur pour un illuminé !

Pourtant, c'est accompagnée de ces mots-là que la musique de *Yesterday* est venue un beau matin squatter le cerveau de Paul McCartney à son réveil.

La mélodie lui semblait tellement familière qu'il fut longtemps persuadé de l'avoir « pompée » quelque part.

Vérification faite, il dut se rendre à l'évidence : elle était bien le fruit de sa seule imagination. Pour le texte, le travail fut plus laborieux.

Des mois durant, Paul McCartney ne trouva rien. Ces fameux œufs brouillés, répétés sans cesse, devinrent une obsession. De quoi attraper une indigestion !

Sur le tournage du film *Help*, alors que le malheureux Paul chantonnait pour la millième fois ses « *Scrambbled eggs* », John Lennon à bout de nerfs et au bord de la crise de foie le supplia soit de « pondre » d'autres paroles, soit de définitivement jeter chanson et œufs à la poubelle.

Fort heureusement Paul n'en fit rien !

L'inspiration revint enfin à McCartney au Portugal, un matin de juin 1965, et *Yesterday*, sorti sur l'album « Help » le 6 août, demeure l'un des plus gros succès discographiques des Beatles.

De Marianne Faithfull à Frank Sinatra, le *Guiness Book* des records ne recense pas moins de deux mille cinq cents reprises !

Pourtant, « *Scrambbled eggs, oh, you've got such lovely legs* », c'était pas si mal, non ?

Le Ciel, Le Soleil et La Mer

1965 · François Deguelt

> " *C'est l'été, les vacances,*
> *Oh, mon Dieu quelle chance !*
> *Il y a le ciel, le soleil et la mer...*
> "

Le plus grand malentendu de la carrière de François Deguelt, *Le Ciel, Le Soleil et La Mer*, est aussi son plus grand succès.

Chanteur aux textes poétiques, il écume les cabarets de la rive gauche quand, en 1965, la légèreté d'une ritournelle estivale le propulse en tête de tous les hit-parades.

Installé confortablement à l'arrière d'une DS Citroën, écoutant un message publicitaire à la radio, il note les trois mots qui vont faire sa fortune : « le ciel, le soleil et la mer ».

Il ne manque que le vent et tous les éléments naturels sont réunis pour le succès...

De la mer à l'océan, il n'y a qu'un pont et *It's A World of Love*, reprise américaine de cette chanson, accoste aux États-Unis, interprétée par Perry Como.

Quarante ans après sa création, elle fait toujours partie de la mémoire collective. La jeune réalisatrice Lorraine Levy l'a incluse dans la bande originale de son film *La Première Fois que j'ai eu vingt ans*.

Aujourd'hui, François Deguelt a toujours à son répertoire *Le Ciel, Le Soleil et La Mer*, et anime des ateliers de poésie à l'université de la Sorbonne !

Qui a dit que la chanson était un art mineur ?

Aline

" Et j'ai crié, crié, Aline pour qu'elle revienne
Et j'ai pleuré, pleuré, oh! j'avais trop de peine...
"

En préambule, précisons tout de suite que Christophe se dépeint lui-même comme un grand menteur.

Ceci posé, voici comment le chanteur raconte la naissance d'*Aline*.

Allongé sur le fauteuil de torture d'un dentiste – même les futures vedettes ont des caries –, Christophe a les yeux plongés dans le décolleté de l'assistante.

Entre deux attaques de roulette, il lui demande tout naturellement son prénom. À la seconde où la jeune fille répond : «Aline», le praticien offensif ramène sa fraise et touche le nerf du futur chanteur, provoquant le hurlement de ce dernier !

C'est ainsi qu'il cria *Aline* pour la première fois.

On vous avait prévenus de ses talents d'affabulateur...

Plus sérieusement, *Aline*, sortie l'été 1965, fut le premier et le plus grand succès de Christophe.

Tube mondial, il coûta tout de même très cher à son créateur. Attaqué pour plagiat par un chanteur oublié depuis, Christophe fut lourdement condamné lors d'un premier procès.

Ruiné, endetté, il dut attendre dix longues années, le temps de l'interminable procédure d'un second procès, pour retrouver la paternité d'*Aline*.

En 1979, pour fêter ça, en pleine vague disco, sur les conseils de son épouse, Christophe ressortit sa chanson fétiche dans sa version originale.

Nouveau bingo, la nostalgie aidant, plus d'un million d'acheteurs l'aidèrent à crier à nouveau ce prénom qui lui colle désormais à la peau...

La Plage aux romantiques

1966 · Pascal Danel

" Laissons la plage aux romantiques
Ce soir, j'ai envie de t'aimer… **"**

Lorsqu'il eut fini de crier *Aline*, pour qu'elle revienne, Christophe présenta un inconnu nommé Pascal Danel à son producteur, Jean Albertini, directeur artistique des disques AZ.

Celui-ci sortit de ses tiroirs un texte vieux de quatre ans qu'il affirma avoir élaboré dans le métro, inspiré par une superbe jeune fille. Ce qui tendrait à prouver que même un moyen de transport underground si peu attrayant peut fabriquer du romanesque !

Danel s'empressa de mettre ces paroles en musique, sur place, en moins d'une heure.

Ils laissèrent *La Plage aux romantiques* et nous léguèrent, malgré le sable et l'eau de mer, un tube inoxydable…

Les voyages étant formateurs, la plage sera suivie quelques mois plus tard des *Neiges du Kilimandjaro*.

Noir c'est noir

1966 · Johnny Hallyday

« Noir, c'est noir,
Il n'y a plus d'espoir... »

Difficile d'être plus pessimiste. Mais, si Georges Aber a écrit ce texte pour l'idole des jeunes, ce n'est pas fortuit.

Nous sommes en 1966 et Johnny traverse un des pires moments de sa vie.

Professionnellement, rien ne va plus. Son dernier disque n'a pas obtenu le succès escompté et le fisc lui réclame la modique somme de quatre millions de francs (plus de six cent mille euros).

Côté privé, ce n'est guère mieux, le divorce d'avec Sylvie Vartan semble inévitable.

Malgré ce lourd climat, le staff Hallyday est parti à Londres enregistrer le nouvel album. Georges Aber a emporté l'adaptation d'une chanson entendue quelques semaines plus tôt sur Radio Caroline, l'une des premières stations pirates.

Black Is Black, titre original, est l'œuvre d'un groupe ibérique, Los Bravos. Dès la première écoute, il pense à son chanteur fétiche.

Sur place, les séances se déroulent dans une ambiance désastreuse. Johnny va mal. À tel point que Lee Hallyday, cousin et manager, est prêt à plier bagage. Autant rentrer à Paris.

Aber insiste, il croit dur comme fer à la qualité de la chanson. Il devine que, compte tenu de son état, la star peut lui insuffler une puissance et une émotion hors du commun.

Il implore et convainc Johnny de faire au moins une tentative.

Celui-ci est à bout, épuisé. Il retire sa chemise et se dirige vers le micro tel un boxeur livrant son ultime combat. L'ingénieur du son n'a que le temps d'appuyer sur le bouton « record » et c'est le choc !

Le chanteur « vit » littéralement son texte. La première et unique prise sera la bonne !

De retour chez lui, Johnny tentera de se suicider. Alors que *Noir c'est noir* prend la tête des hit-parades, il est hospitalisé, en cure de sommeil.

Les Play-Boys

1966 • Jacques Dutronc

" Je n'crains pas les petits minets
Qui mangent leur ronron au drugstore...
"

Écrite fin 1966 par Jacques Lanzmann, alors rédacteur en chef du magazine *Lui*, *Les Play-Boys* sont avant tout une satire, celle de ces golden boys sûrs d'eux-mêmes et superficiels en diable qui fleurissent dans les grandes villes au milieu des années 60.

À commencer par Paris, dont Lanzmann énumère dans son texte tous les nouveaux lieux à la mode, du drugstore aux grands couturiers, fréquentés par cette drôle de population.

Si les « minettes » existaient déjà, l'auteur donne en l'employant pour la première fois dans une chanson populaire ses lettres de noblesse au mot « minet », qui sera par la suite beaucoup repris.

Quant au leitmotiv « encore » conclusion de l'œuvre « dutronesque », il deviendra pendant des années celui de l'émission culte « Stop ou encore » sur les ondes de RTL.

Strangers In The Night

1966 • Frank Sinatra

" Something in your eyes
Was so inviting
Something in your smile
Was so exciting... "

Cet été 1966, Frank Sinatra a fait danser toute la planète grâce à ce slow langoureux. Son histoire vaut que l'on s'y attarde.

La version officielle veut que Bert Kaempfert, compositeur allemand émigré aux États-Unis, ait composé la musique du film *A Man Could Get Killed*, de Ronald Meane, avec Melina Mercouri et James Garner en vedettes.

Sinatra, attiré par le thème musical du film, aurait alors demandé à Kaempfert de le développer et d'en faire une chanson intitulée *Strangers In The Night*.

La version officieuse est un peu plus « tordue », jugez plutôt : un compositeur nommé Philippe Gérard crée en 1952 un *Magic Tango* et l'envoie à son éditeur new-yorkais.

Eddie Fischer enregistre ce tango magique, qui devient au milieu des années 1950 un gros succès aux États-Unis.

Lorsqu'en 1966 sort le disque de Sinatra, Francis Blanche anime tous les après-midi une émission sur la célèbre station de radio française Europe n° 1.

En vrai connaisseur (il a écrit des centaines de chansons), l'humoriste s'amuse, se délecte même à dévoiler à l'antenne certains plagiats musicaux manifestes, et *Strangers In The Night* est de ceux-là.

C'est la copie note pour note du *Magic Tango* de Philippe Gérard !

« L'emprunt » est tellement flagrant que la Sacem décide de porter plainte.

Et aussi honteux que cela puisse sembler, face au poids financier et médiatique de «The Voice», le compositeur français est débouté au terme d'une procédure judiciaire interminable !

Strangers In The Night

1966 • Frank Sinatra

Strangers In The Night reste néanmoins un standard mondialement connu, repris en français sous le titre *Étrangers dans la nuit* notamment par Line Renaud, Richard Anthony et même l'incontournable Tino Rossi dans une version en « franglais » que nous vous recommandons particulièrement !

Deux ans avant *My Way* – signée pour la musique par Jacques Revaux et Claude François –, *Strangers In The Night* montre à quel point les compositeurs français ont porté chance au beau Frankie...

Ma plus belle histoire d'amour...

1966 • Barbara

« Ce soir je vous remercie de vous,
Qu'importe ce qu'on peut en dire,
Je suis venue pour vous dire,
Ma plus belle histoire d'amour c'est vous... »

Qui n'a pas vu au moins une fois Barbara sur scène ne peut comprendre ce qu'est la communion entre un artiste et son public. Les spectacles de la longue dame brune ressemblaient à de grand-messes, avec leurs rites, leur décorum et leurs points d'orgue.

Dans la composition de tous ses concerts, la dernière chanson interprétée par l'artiste, depuis 1966, était invariablement *Ma plus belle histoire d'amour*.

L'histoire de ce petit bijou ne manque pas d'intérêt.

Retour à l'automne 1964. Engagée par Georges Brassens lui-même, Barbara, après de longues, très longues années de galère, triomphe en première partie de son spectacle à Bobino.

Son succès est tel, certains soirs, que ce dernier en est un peu agacé. Une première partie est faite pour «chauffer» le public, certainement pas pour voler la vedette à la tête d'affiche, c'est bien connu!

Ce sera au cours de cette série de spectacles que Barbara gagnera elle aussi ses galons de vedette et tout naturellement, en décembre 1966, sera invitée à se produire à Bobino, mais cette fois-ci en haut de l'affiche.

Pour ce grand soir, son directeur artistique, Claude Dejacques, lui donne l'idée de composer une chanson de conclusion. Une sorte d'apothéose qui marquerait l'intensité du lien entre la chanteuse et ses fans juste avant que le rideau rouge retombe.

Elle met un an à parfaire *Ma plus belle histoire...* et c'est émue, troublée qu'elle l'offre à son public le soir de la première.

Ma plus belle histoire d'amour...

Elle quitte le clavier, s'avance au bord de la scène, au plus près de celui qu'elle a surnommé «mon amant à mille bras», ferme les yeux et commence...

Lorsqu'elle les rouvre, après la dernière note et une révérence, tous les spectateurs sont debout pour lui faire la plus belle des *standing ovations* !

Céline

1966 • Hugues Aufray

" Dis-moi, Céline,
Les années ont passé,
Pourquoi n'as-tu jamais
Pensé à te marier... "

À l'automne 1966, Vline Buggy, parolière attitrée de Claude François, reçoit *via* son éditeur un jeune compositeur américain nommé Mortimer Shuman.

S'il est encore inconnu en France, il a déjà à son actif, outre-Atlantique, quelques gros tubes pour le King Presley.

Autour du piano, Mort lui fait écouter certaines de ses mélodies et Vline tombe folle amoureuse de l'une d'elles, qui lui rappelle le folklore yiddish d'Europe de l'Est.

Elle se dépêche de l'enregistrer et, le compositeur parti, l'écoute sans cesse jusqu'à l'obsession.

Une nuit d'insomnie – on ne dira jamais assez l'importance de l'insomnie dans la création ! –, la parolière voit apparaître devant ses yeux, descendant l'escalier, une jeune fille triste, un grand châle noir couvrant ses épaules, préparant le petit déjeuner pour ses frères et sœurs.

Apparition ô combien bénéfique, puisqu'elle vient de matérialiser Céline, l'héroïne de sa chanson !

Ce prénom, à l'époque, n'est pas très répandu, et c'est en pensant à une vieille cousine de sa mère que Vline baptise ainsi celle qui va faire sa fortune.

Spontanément, elle propose la chanson à Claude François, qui sur les conseils de son amie France Gall et de son producteur, Paul Lederman, la refuse tout net, jugeant l'ensemble parfaitement démodé.

Céline

1966 • Hugues Aufray

Hugues Aufray, sollicité, retravaille les paroles et l'enregistre en dernière plage d'un 45 tours quatre titres. La suite, vous la connaissez...

Céline va en plus avoir des effets bénéfiques sur plusieurs destins.

Grâce à elle, Mort Shuman va s'imposer en France comme l'un des compositeurs les plus doués de sa génération.

Vline créera avec Céline Musique une société de production qui lui permettra de relancer la carrière d'Herbert Léonard.

Pour Hugues Aufray, quarante ans après, elle reste un passage obligé de tous ses tours de chant...

Sarah

1967 • Serge Reggiani

« Lorsque la nuit nous réunit
Son corps, ses mains s'offrent aux miens
Et c'est son cœur couvert de pleurs
Et de blessures, qui me rassure. »

L'histoire commence en 1966. Barbara, en tournée, expédie un télégramme à son ami Georges Moustaki : « Viens me rejoindre à Caen, j'ai quelqu'un à te présenter stop. »

Ce « quelqu'un », c'est Serge Reggiani. Il a quarante-quatre ans, sa carrière cherche un second souffle. Il assure la première partie du spectacle de Barbara avec qui il vit une histoire d'amour.

Reggiani profite de l'arrivée de Moustaki pour lui demander des chansons. Ce dernier ne sait trop comment faire. Il hésite.

Serge va le voir à son domicile de l'île Saint-Louis, déclame des poèmes de Baudelaire, lui montre des photos, raconte des épisodes de sa vie professionnelle et sentimentale... cherche en somme à dévoiler son univers intime à son nouvel ami.

Au fil de leurs échanges, il « commande » à Georges une chanson d'amour en précisant : « J'aime les femmes qui ont, sur leur corps, les marques du temps... »

Moustaki, lui, vit alors une passion avec une jeune fille, et n'est donc absolument pas dans le même état d'esprit. Il s'immerge dans sa mémoire et, en se souvenant de son amour pour Piaf, écrit *Sarah*.

Georges évoque Édith, mais Reggiani y voit Barbara dans un message croisé.

Ce succès relance Reggiani qui, même séparé de Barbara, ne quittera jamais *Sarah*.

All You Need Is Love

1967 · Les Beatles

« All you need is love
All you need is love, love
Love is all you need... »

Au début de l'année 1967, la BBC demanda aux Beatles d'être les invités vedettes d'un show télévisé intitulé « Our World », en français « Notre monde ».

Précisons que cette émission était la première retransmise en mondiovision dans une trentaine de pays par la chaîne britannique.

Pour célébrer cet événement, outre leur participation, il fut demandé aux quatre garçons de Liverpool de composer une chanson simple, fédératrice, pouvant être comprise par les téléspectateurs du monde entier.

La date d'enregistrement est prévue pour le mois de juin et, dès le début du printemps, Paul et John s'astreignent à d'intenses séances de brainstorming.

De ces cerveaux soumis à une tempête de réflexions sortirent plusieurs chansons, mais aucune ne leur sembla digne de développement, jusqu'à ce que John apporte *All You Need Is Love* qui s'imposa comme une évidence.

Mélodie facilement mémorisable, texte archi simple en parfaite adéquation avec les aspirations de la jeunesse de l'époque.

N'oublions pas que la guerre du Vietnam faisait rage malgré les manifestations de plus en plus nombreuses de la génération *peace and love*.

Ce message d'amour ne pouvait mieux tomber.

C'est le génial producteur des Beatles, George Martin, qui eut l'idée d'ouvrir la chanson sur quelques notes de notre *Marseillaise* pour en renforcer le côté officiel.

La petite histoire veut que Salvatore Adamo, enregistrant dans un studio mitoyen, crut longtemps que les quatre garçons dans le vent avaient joué ce jour-là, en son honneur, les quelques mesures de l'œuvre de Rouget de Lisle !

Il est mort le soleil...

1967 · Nicoletta

«

Il est mort,
Il est mort, le soleil
Quand tu m'as quittée
Il est mort, l'été... *»*

Succédant à *Oublier qu'on s'est aimés* et la célèbre *La Musique* – reprise par la première promotion de la «Star Academy» –, *Il est mort le soleil* est le troisième 45 tours de Nicoletta chez Barclay.

Nous sommes en 1967, elle n'a que vingt-deux ans mais ne mâche pas ses mots. Lorsque le musicien Hubert Giraud et le parolier Pierre Delanoë lui proposent cette chanson, elle rétorque franchement que le soleil mort, ça fait deuil...

Elle n'est pas la seule, puisque à peu près toutes les radios françaises boudent le disque.

Pourtant, de l'autre côté de l'Atlantique, le titre fait un tabac chez nos cousins québécois.

Nicoletta s'envole donc, avec son producteur, Léo Missir, pour le Canada.

Un soir, à Montréal, la chanteuse remarque sur les murs des affiches annonçant un concert de Ray Charles. Rien ne saurait lui faire plus plaisir que de le voir. Elle connaît par cœur les tubes du Genius, pour avoir longtemps été disc-jockey dans des clubs.

Par chance, l'agent de Ray Charles est aussi celui chargé de s'occuper d'elle sur place. Invitée au spectacle, elle a l'honneur, ce même soir, de lui parler dans sa loge !

Nicoletta se souvient : «Devant lui, j'étais un bébé, un oiseau tombé du nid !»

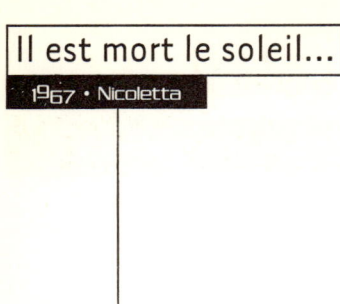

Ils dînent dans le quartier chinois de Montréal et leur amitié se noue.

Avant de repartir pour Paris, elle donne à la star ses coordonnées et son dernier disque.

Quelques semaines plus tard, le téléphone sonne en pleine nuit chez elle. En ligne, un opérateur lui passe un appel de l'Ohio et, comme en rêve, elle entend l'immense artiste lui annoncer qu'il compte enregistrer et adapter *Il est mort le soleil* en anglais.

Lorsque la chanteuse rapporte la nouvelle en bredouillant à Pierre Delanoë, celui-ci, la pensant un peu surmenée, lui conseille quelques jours d'un repos bien mérité !

Et pourtant, le Genius va faire de *The Sun Died* un standard international...

Le Petit Garçon

1967 · Serge Reggiani

" Ce soir, elle ne rentre pas
Je n'sais plus, je ne sais pas.
Elle écrira demain, peut-être
Nous aurons une lettre... "

Avant d'être Dabadie le Magnifique, parolier dont la poésie dégage une émotion profonde, Jean-Loup était un homme de théâtre.

Pour la création de sa première pièce, *La Famille écarlate*, il pressentit Serge Reggiani qui refusa un rôle pour cause d'incompatibilité de dates.

Quelque temps plus tard, ce dernier l'appela pour lui demander des textes. Finissant d'enregistrer du Boris Vian, Serge cherchait des paroliers «venant d'ailleurs» et il fallait faire vite, car il se produirait en première partie du spectacle de Barbara dans un mois!

Jean-Loup Dabadie est terrorisé! Il n'a jamais fait de chansons mais se débrouille tant bien que mal et écrit *Marie Chenevance*.

Il demande à Barbara de lui composer une musique.

Celle-ci travaille et lui annonce rapidement une bonne et une mauvaise nouvelle...

La bonne, c'est qu'elle a trouvé la musique, la mauvaise, c'est qu'elle garde la chanson pour elle!

Catastrophe! Le stylo sous la gorge, Dabadie rédige *Le Petit Garçon* en deux heures et l'expédie à Reggiani qui fera le commentaire suivant: «Quand je l'ai reçue, j'ai cru que c'était de la prose. Quand je l'ai chantée, j'ai vu que c'était de la poésie.»

Comme un garçon

1967 • Sylvie Vartan

" Pourtant, je ne suis qu'une fille
Et quand je suis dans tes bras
Je n'suis qu'une petite fille
Perdue, quand tu n'es pas là...
"

L'histoire de cette chanson est une parfaite illustration de l'explosion de la mode unisexe de la fin des années 60.

Jean-Jacques Debout, en 1967, a déjà offert quelques succès à Johnny Hallyday et Sylvie Vartan. Et c'est justement pour elle que l'auteur-compositeur cherche ce jour-là une idée lumineuse.

Assis à l'arrière d'un taxi, son esprit vagabonde lorsque soudain une moto sortie de nulle part vient flirter dangereusement avec la carrosserie du véhicule et arrache le rétroviseur du malheureux taxi.

S'accroche de toutes ses forces à son motard bien-aimé mais un peu chauffard, une ravissante blonde, longs cheveux au vent.

Jean-Jacques Debout remarque immédiatement sa ressemblance frappante avec Sylvie Vartan.

Chaussée de grosses bottes, vêtue de jeans et d'un blouson, son look ne la distingue nullement de celui de son compagnon qui conduit l'engin.

Et Jean-Jacques de noter instantanément : «Tiens, c'est une fille-garçon !»

Si l'on se souvient que l'artiste est désespérément en quête d'un titre pour Sylvie, pas besoin de dessin pour comprendre qu'il vient de le trouver !

Comme un garçon s'impose comme le gros succès de cette fin d'année 1967.

Carlos, le secrétaire de Sylvie, après lui avoir donné la réplique quelques mois plus tôt dans *2'35 de bonheur*, récidive sur ce disque mais cette fois en sifflant dès le début de la chanson. Décidément, ce garçon présente de réelles dispositions pour devenir artiste à son tour...

Le monde est gris, le monde est bleu

1968 · Éric Charden

« *Mon cœur est gris, mon cœur est bleu*
Je ne pourrai pas être heureux
Car je n'ai pas trouvé quelqu'un
Qui me dise je t'aime... »

Les muses sont capricieuses et si imprévisibles que l'inspiration d'une chanson peut vous venir vraiment n'importe où.

Éric Charden ne peut pas affirmer le contraire : enfermé dans les toilettes du studio Lands Down Road à Londres, le jeune homme braille à tue-tête un début de refrain avec pour seules paroles : « Le monde est gris, le monde est bleu », qu'il répète inlassablement.

Vous pensez sans doute « Mais que diable fait Charden sur ce trône anglais au printemps 1968 ? »

Il est tout simplement venu assister à l'enregistrement par Johnny Hallyday de certaines de ses compositions, car, avant d'être le chanteur que nous connaissons tous, Charden était une bonne adresse pour qui cherchait des mélodies.

De Régine à Claude François en passant par Johnny, nombre de vedettes des sixties sont venues s'abreuver à sa source.

Mais revenons à nos moutons, ou plutôt à ces toilettes dont l'artiste finit enfin par sortir...

Son ami Jean-Pierre Frimbois qui l'accompagne dans son périple londonien, en attente à l'extérieur, profite largement de l'aubade. Ce qu'il vient d'entendre l'accroche et il conseille à Éric de terminer la chanson.

C'est là qu'intervient un sérieux coup de chance : Johnny doit regagner Paris plus tôt que prévu, laissant Charden désœuvré avec sur les bras des musiciens et un studio dont il ne sait que faire. Éric Charden en profite donc alors pour enregistrer sa nouvelle chanson.

Voilà comment *Le monde est gris, le monde est bleu* a pu être mise en boîte à peu de frais, offerte malgré lui par Johnny, et devenir, quelques années avant son célébrissime duo avec Stone, le premier grand succès d'Éric Charden.

La Bicyclette

1968 • Yves Montand

> *« Quand on partait de bon matin*
> *Quand on partait sur les chemins*
> *À bicyclette... »*

1963 : époque préhistorique où les célébrités n'offraient pas encore leurs talents aux marchands et aux publicitaires, où les pâtes ne ressemblaient pas à Gérard Depardieu, les yaourts, à Jacques Weber, l'eau minérale, aux Bleus, où le café n'avait pas l'arôme de Johnny Hallyday...

L'indignation se lisait sur les visages de ceux ou celles à qui l'on proposait de faire de la « réclame ». Autre temps, autres mœurs !

Pierre Barouh, lui aussi, refusa tout net à un ami une suggestion de pub vantant les mérites du vélo.

Néanmoins, il retint l'idée et griffonna un texte sentant bon la campagne et la nostalgie des années adolescentes. Souvenirs d'autant plus bouleversants pour Pierre Barouh qu'il fut caché chez des paysans vendéens, comme beaucoup d'enfants juifs durant la guerre. Sa *Bicyclette* transporte cette jeunesse-là sur son porte-bagages.

La chanson terminée, Francis Lai, accordéoniste niçois, compose la mélodie. Le couple, deux ans plus tard, enfantera le « Ouabadabadap » d'*Un homme et une femme* qui leur offrira une notoriété internationale.

Quelques années passent, *La Bicyclette* ne roule toujours pas.

Invité chez Signoret et Montand, Pierre évoque son existence et le chanteur en quête de nouveauté est enthousiaste.

La Bicyclette a trouvé son interprète.

Détail amusant : le disque sort juste avant le déclenchement de ce que l'on appellera « les événements de Mai 68 ». Ceux qui étaient en âge de se servir de leurs jambes s'en souviennent, les grèves des transports leur apprirent les plaisirs de la marche à pied et de la bicyclette...

Ta cigarette après l'amour

1968 • Charles Dumont

«
Ta cigarette après l'amour
Je la regarde à contre-jour
Mon amour... »

La nicotine a inspiré de nombreuses chansons d'amour.

De Sylvie Vartan affirmant *L'amour, c'est comme une cigarette* à Jacques Higelin et son *Je suis amoureux d'une cigarette*, en passant par Serge Gainsbourg tripotant devant les caméras de télévision une Catherine Deneuve gênée en ânonnant *Dieu est un fumeur de havanes*, les exemples ne manquent pas.

La chanson de Charles Dumont est une preuve supplémentaire que certes, fumer peut tuer, mais ne nuit pas forcément au succès.

Et en matière de fumée, Charles se trouve professionnellement, en cette année 1968, dans un épais brouillard.

Piaf disparue, de nombreux producteurs et éditeurs musicaux lui ont subitement tourné le dos avec l'élégance de ceux qui vous enterrent alors que vous êtes encore vivant.

Après deux 45 tours sans succès enregistrés chez CBS, le compositeur se demande bien à quel saint se vouer !

Sans auréole mais avec un sens artistique très aiguisé, Sophie Makhno croise par hasard son chemin, un jour qu'il flâne du côté du pont de l'Alma.

Les deux artistes se connaissent. Sophie est parolière, elle a été l'assistante de Barbara (pour qui elle a écrit de superbes chansons) et occupe à cette époque les fonctions de directrice artistique chez CBS.

Après les politesses d'usage, Charles, qui en a gros sur le cœur, se confie à la jeune femme : «Cela ne va pas, ça ne marche pas, je ne comprends pas pourquoi... »

Ta cigarette après l'amour

1968 • Charles Dumont

Et là, le plus naturellement du monde, Makhno, qui a entendu les deux derniers disques de Dumont, se livre à une analyse fine en expliquant à son interlocuteur ce qui selon elle doit changer : moins d'agressivité dans la voix, plus de romantisme et plus d'intimisme...

Bref, ce matin-là, elle lui expose sa vision de Charles Dumont. Et toujours comme si cela allait de soi, elle sort de son sac un papier plié qu'elle lui remet.

C'est le texte de *Ta cigarette après l'amour* que le compositeur est prié de mettre en musique. Ce qui est fait quelques jours plus tard.

Le temps d'enregistrer la chanson et Makhno la présente au comité d'écoute de sa maison de disques, CBS.

Refus catégorique, on ne peut commercialiser ce disque.

C'est donc la société Pathé Marconi qui se fera un plaisir de récupérer l'artiste, non pour un disque mais pour vingt ans de succès !

Il suffit qu'Annick Beauchamp décide de programmer cette *Cigarette* deux fois par jour sur France Inter pour que le disque et la carrière de Dumont, interprète, décollent.

Quant à cette chanson, Laurent Gerra lui redonna un petit coup de jeune il y a quelques années sur l'antenne d'Europe 1.

Sa version parodique «Ta cigarette après l'amour, tu pourrais l'éteindre quand je te bourre...» était certes moins romantique, mais l'imitateur eut le mérite de faire découvrir Charles Dumont à une génération qui, malheureusement, ne le connaissait pas.

I'll Never Leave You

1968 · Tuesday Jackson

*" I'll never leave you
I'll never leave you... "*

Nous connaissons l'influence qu'une bonne musique peut avoir sur le succès d'un long métrage.

En cette année 1968, le réalisateur Marcel Carné tient absolument à ce que la bande originale de son nouveau film, *Les Jeunes Loups*, ressemble à la musique alors écoutée par la jeunesse dans les discothèques.

Et comme la langue de Shakespeare paraît à cette période très «mode», on confie à deux créateurs hexagonaux le soin de concevoir une chanson qui ait l'air de débarquer tout droit de Londres ou de New York.

Jack Arel compose donc un thème musical très tendance sur lequel une certaine Nicole Croisille, qui n'est pas encore la vedette que l'on connaît, colle des paroles en anglais.

Le résultat s'intitule *I'll Never Leave You* et sonne plus *british* que nature.

Marcel Carné est immédiatement séduit. Reste à trouver l'interprète de ce magnifique slow. Nicole Croisille est prête à l'enregistrer.

Seul problème, la chanteuse est encore tout auréolée du récent succès d'*Un homme et une femme*. C'est même là le seul gros succès que compte sa débutante carrière. Carné craint la confusion possible entre son film et celui de Claude Lelouch.

Il demande alors à Nicole de prendre, le temps d'un disque, un pseudonyme.

Comme nous l'avons déjà souligné, tout ce qui vient d'outre-Atlantique ressemble à du pain bénit et, sur l'autel des ruses du show-business, Nicole se rebaptise Tuesday Jackson.

C'est d'ailleurs bien connu, pour chanter aussi bien, il faut certainement être américaine, et noire de surcroît !

Le subterfuge fonctionne au-delà des plus optimistes espérances.
Tuesday Jackson et son *I'll Never Leave You* se hissent au sommet des
hit-parades de toutes les radios.

Devant un tel raz-de-marée, la vérité peut éclater : ce tube *made in
France* est en fait interprété par Nicole Croisille.

Ceux qui fantasmaient sur une sculpturale Black en sont pour leurs
frais !

Il faudra à Nicole attendre le début des années 70 pour qu'enfin son
nom vienne s'afficher en lettres de néon au fronton des plus grands
music-halls.

Les Moulins de mon cœur

1968 • Michel Legrand

« Comme le chemin de ronde
Que font sans cesse les heures...
Tu fais tourner de ton nom
Tous les moulins de mon cœur. »

En 1968, Michel Legrand est choisi par le réalisateur Norman Jewison afin de composer la musique de son nouveau film, *L'Affaire Thomas Crown*. Emballé par le scénario et la distribution, Legrand se met rapidement au travail.

Pour le réalisateur, une scène bien particulière doit être soutenue par une chanson, celle où le héros, Steeve McQueen, virevolte dans les airs en planeur.

En une nuit blanche au piano, Michel Legrand accouche du thème recherché.

Pour les paroles, il fait appel à Alan et Maryline Bergman, auteurs de talent débutants qui deviendront dans les années suivantes de véritables institutions.

Le duo inspiré propose, avec *The Windmills Of Your Mind*, un texte magnifique, riche d'images explicites où les notions de rotation et de circonvolution sont poétiquement exprimées.

Pour la version française, le compositeur s'adresse à son vieux complice, Eddy Marnay.

On ne dira jamais assez ce que ce grand auteur a apporté à la chanson française.

Avec *Les Moulins de mon cœur*, il réussit le tour de force de rester fidèle à l'idée originelle tout en apportant aux paroles françaises une beauté et une poésie qui donnent à son texte une dimension tout à fait personnelle. La grâce à l'état pur !

Pourtant, les Bergman regretteront que Marnay n'ait pas plus servilement adapté leur œuvre.

Fort heureusement, Michel Legrand saura leur expliquer que « Les moulins de ma tête » ou « Les moulins de mon esprit » n'auraient pas été du meilleur goût.

Aujourd'hui, riche d'une pluie de reprises (la version la plus étonnante étant celle de Claude François), *Les Moulins de mon cœur* est entrée, comme son auteur Eddy Marnay, au panthéon de la chanson populaire...

Je t'aime, moi non plus

1969 • Jane Birkin, Serge Gainsbourg

> *" Tu vas et tu viens*
> *Entre mes reins*
> *Et je*
> *Te rejoins – Je t'aime, je t'aime*
> *Moi non plus... "*

Je t'aime, moi non plus est certainement l'une des chansons françaises qui a fait couler le plus d'encre.

L'idée en aurait été soufflée à Serge Gainsbourg par un aphorisme de Salvador Dalí. Le maître avait eu ce bon mot : « Picasso est espagnol, moi aussi. Picasso est un génie, moi aussi. Picasso est communiste, moi non plus ! »

La première version est enregistrée par Serge et Brigitte Bardot en décembre 1967 au studio Barclay. Malgré l'hiver, le climat est torride entre les deux interprètes, les soupirs, les râles d'amour sonnent juste !

Seul problème, BB est alors mariée à l'homme d'affaires allemand Gunther Sachs et celui-ci, alerté par la presse, prend plutôt mal la diffusion prochaine de ce message sulfureux.

Brigitte, dans une courte missive, supplie Serge de stopper la sortie du disque et Gainsbourg, toujours grand seigneur, accède à sa demande...

Février 1969, une seconde version est commercialisée, cette fois avec Jane Birkin, autre splendide conquête de l'« homme à la tête de chou ».

Tous ceux qui ont imaginé un enregistrement réalisé « en condition » à l'horizontale, avec magnétophone sous le matelas, seront déçus. La chanson a été mise en boîte le plus simplement du monde, en deux prises, dans un studio de Piccadilly.

Lorsque le directeur de la maison de disques Philips à Paris écoute le résultat, il renvoie immédiatement le couple à Londres : quitte à aller en prison, autant que ce soit pour un album complet !

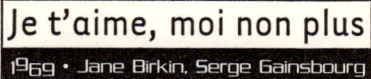

Je t'aime, moi non plus

1969 • Jane Birkin, Serge Gainsbourg

Le duo par qui le scandale va arriver complète le travail avec d'autres petits chefs-d'œuvre comme *Élisa* ou *69 année érotique*.

Après avoir longtemps circulé sous le manteau, la version de BB a fini par paraître, avec son accord en 1986, tous les bénéfices devant être versés à sa fondation pour la protection des animaux.

Souhaitons que les bébés phoques, les gorilles et autres ours des Pyrénées, surtout en rut, auront apprécié à sa juste valeur le geste de la star...

Le Métèque

1969 • Georges Moustaki

«

Et nous ferons de chaque jour
Toute une éternité d'amour
Que nous vivrons à en mourir...

»

Furieux de la liaison qu'il entretient avec leur fille, les parents d'une de ses amies traitent un jour le beau Georges de «métèque».

Son vocabulaire enrichi d'un mot nouveau chargé de sens et sonnant si bien, il décide d'en faire une chanson, façon de retourner l'insulte en compliment !

Le travail terminé, son amie Pia Colombo l'écoute et l'inclut immédiatement dans son répertoire, à un changement près.

Elle transpose à la deuxième personne du singulier : «Avec *ta* gueule de métèque, de juif errant, de pâtre grec et *tes* cheveux aux quatre vents...»

Le succès n'est pas, hélas, au rendez-vous. Pire encore, alors que Pia interprète pour la première fois *Le Métèque* à l'Olympia, Bruno Coquatrix, directeur des lieux pourtant réputé pour son flair infaillible, la félicite pour l'ensemble de sa prestation, à l'exception de ce *Métèque* qu'il lui conseille vivement de retirer de son tour de chant.

Les années passent...

Moustaki continue son chemin en écrivant notamment pour Serge Reggiani. Ses œuvres ont un tel écho auprès du public qu'une maison de disques a la bonne idée de lui demander de bien vouloir monter enfin sur scène et d'enregistrer lui-même son propre album.

C'est le directeur artistique Jacques Bedos, oncle de Guy, qui se charge du projet. Lorsque Georges lui joue pour la première fois son *Métèque*, il flaire immédiatement le succès, alors que pour l'auteur c'est tout juste une face B.

Il suffit d'un passage dans l'émission «Discorama», de Denise Glaser, pour qu'à trente-cinq ans, avec sa gueule de métèque, de juif errant, de pâtre grec, Moustaki devienne l'idole de toute une génération.

Adieu jolie Candy

1969 • Jean-François Michaël

" *Adieu jolie Candy, je deviendrai*
Un souvenir, une photo de vacances... "

De Boris Vian à Jean-Jacques Goldman, nombre d'auteurs-compositeurs ont, à un moment donné de leur carrière, décidé d'écrire pour les autres sous un nom d'emprunt.

Les pseudonymes permettent de garder l'anonymat un certain laps de temps, mais inévitablement la véritable identité des créateurs finit par être dévoilée.

Ainsi, l'énorme succès de l'automne 1969, *Adieu jolie Candy*, interprété par Jean-François Michaël, fut-il signé de trois noms : Harvel pour les paroles, Jeannot pour la musique et Hursel pour les arrangements, mais surprise ! Sous les pavés, la plage et sous Hursel se cache Michel Berger... Étonnant, non ?

Bien avant sa *Groupie du pianiste* et «Starmania», il contribua à offrir à Jean-François son premier tube.

Harvel, quant à lui, est le pseudo d'Alain Boublil, à qui nous devons les textes de superbes comédies musicales comme «Les Misérables» ou «La Révolution française».

Retour en arrière : Michel Berger a une vingtaine d'années. Il est directeur artistique des disques Pathé Marconi.

Avec son partenaire Boublil, ils écrivent au coup par coup, pour des interprètes dont la voix leur paraît intéressante. Jean-François Michaël est de ceux-là, mais lorsqu'ils lui proposent leur *Jolie Candy*, ce dernier, découragé par de nombreuses tentatives infructueuses, a décidé d'arrêter les frais et de cesser de chanter. Il vient d'ailleurs d'être embauché chez Barclay comme directeur artistique et doit s'occuper de la carrière d'un certain Michel Delpech...

Les deux compères parviennent à le convaincre, et voilà comment la fin de l'année 1969 verra Jean-François Michaël accéder enfin aux honneurs des hit-parades sous une double casquette : celle de directeur artistique du chanteur de *White Is White* et en tant qu'interprète d'*Adieu jolie Candy*, vendue à cinq millions d'exemplaires à travers l'Europe...

Que je t'aime

1969 • Johnny Hallyday

" Que je t'aime, que je t'aime, que je t'aime
Que je t'aime, que je t'aime, que je t'aime...
"

Cette nuit-là, l'auteur Gilles Thibaut est allongé près de celle qu'il aime. Elle vient de s'endormir...

Il la regarde avec les yeux de l'amour et écrit, décrit, en situation, exactement ce qu'il ressent !

Quand tes cheveux s'étalent comme un soleil d'été,
Que je t'aime.
Quand ton oreiller ressemble aux champs de blé,
Que je t'aime...

Installé en silence sur la descente de lit, il couche d'un trait les paroles sur le papier. Deux heures après, le texte est fini.

Il le confie au compositeur Jean Renard, qui immédiatement y voit une formidable chanson pour Johnny.

Seul petit problème : que faire de tous ces « Que je t'aime » qui reviennent au début de chaque vers ?

La bonne idée est de les regrouper dans un refrain archi efficace.

Reste à convaincre Johnny de la qualité de cette nouvelle œuvre. Jean Renard la lui joue une première fois, un jour qu'il doit se rendre avec l'idole au cinéma.

Sur le coup, la chanson lui plaît, mais enfin... « nous verrons plus tard... »

Après quelques mois passés dans un tiroir, le hasard va faire renaître *Que je t'aime* de ses cendres.

Johnny doit participer au sacro-saint show télévisé hebdomadaire de Maritie et Gilbert Carpentier. Maritie a écouté le nouvel album de Jojo et trouve qu'il manque une grande chanson.

Elle demande alors à Jean Renard, qui à l'époque est aussi directeur artistique de la star, s'il n'aurait pas quelque chose «de derrière les fagots» pour muscler l'émission à venir.

À la seconde, le compositeur lui joue *Que je t'aime* au piano. Nous sommes mercredi après-midi. Maritie convaincue exige que la musique soit enregistrée pour... samedi !

Juste le temps pour Jean-Claude Vannier de concevoir à la hâte un arrangement magique et Johnny, en direct, peut chanter pour la première fois devant des millions de téléspectateurs cette chanson qui ne le quittera plus.

Ajouté *in extremis* sur son nouveau 33 tours, cet énorme tube – un million cinq cent mille disques vendus – est de ceux qui vous bâtissent une carrière.

Près de trente-cinq ans après sa création, du Stade de France à la tour Eiffel, *Que je t'aime* est toujours sur scène un moment fort de tous les méga concerts de notre Johnny national...

Tu veux ou tu veux pas

1969 · Zanini

> *"*
> *Tu veux ou tu veux pas ?*
> *Tu veux c'est bien*
> *Si tu veux pas tant pis*
> *Si tu veux pas, j'en f'rai pas une maladie...*
> *"*

La clarinette a trouvé en la personne de Marcel Zanini son Groucho Marx.

Tombé dans le jazz depuis toujours, Marcel aurait pu rester un talentueux musicien d'orchestre si un jour il n'avait écouté *Nem Vem Que Nao Tem*, interprété par Wilson Simonal.

Plus exactement, c'est Eddy Barclay qui fait découvrir cette chanson brésilienne à Zanini. Le producteur avisé croit très fort en ce titre bien qu'il l'ait déjà proposé en vain à Eddy Mitchell et Guy Marchand. Alors pourquoi pas Zanini ?

Le temps pour l'auteur Pierre Cour d'écrire l'adaptation française, et *Tu veux ou tu veux pas* est enregistrée en avril 1969.

Mais, décidément, les fées des hit-parades ne sont pas avec le sympathique Marcel !

Au même moment, Henri Salvador triomphe sur les ondes avec *Mais non, mais non*. Barclay craint que son petit protégé ne pâtisse de la concurrence du talentueux Henri et décide de reporter la sortie du 45 tours après l'été.

En septembre, nouveau coup dur pour Zanini !

Cette fois, c'est Brigitte Bardot qui décide de s'approprier *Tu veux ou tu veux pas*. Marcel est découragé : face à BB, il n'a aucune chance...

Et pourtant, sortie en décembre 1969, dix-huit jours avant celle de l'égérie de Vadim, sa version convainc vite tous les programmateurs radio.

À quarante-sept ans, Zanini devient, le temps d'un tube, une véritable star ! Grâce à cet incroyable succès, il peut même s'offrir enfin une maison dans les Yvelines.

Et malgré les critiques de quelques puristes, à la question : « Tu veux ou tu veux pas », le jazzman répond qu'il ne regrette absolument pas d'avoir fait une brève incursion dans le monde des variétés...

70'

Avec le temps

1970 · Léo Ferré

" Avec le temps...
Avec le temps, va, tout s'en va
On oublie le visage et l'on oublie la voix... "

Cette chanson d'amour est certainement la plus désespérée qui ait jamais été écrite. Sortie en 1970, sur un 45 tours Barclay, elle reste aussi la plus populaire de tout le répertoire de Léo Ferré.

Dans ce texte d'après rupture, il n'est plus question de colère, de regret ou de souffrance. Le poète tend inexorablement vers un désamour pur et dur, un nihilisme total ne laissant pas la moindre place à un quelconque espoir.

En partant de sa propre déchirure (séparé de son grand amour, Madeleine, depuis deux ans), Ferré trouve les mots justes pour toucher le plus grand nombre et donner ainsi à cette œuvre un caractère universel.

Il est intéressant de noter le rapport ambigu que Léo a entretenu avec *Avec le temps*.

Devenue dans la durée le joyau de ses récitals, cette chanson « vampirisante » a fini par peser sur l'artiste. Elle semblait parfois tellement l'excéder qu'il lui arrivait de la massacrer volontairement sur scène.

Ainsi au Théâtre des Champs-Élysées en 1984 (spectacle récemment édité en DVD) où l'auteur se parodiait lui-même, invectivant le public en jouant fort et faux, comme pour désacraliser ce moment tant attendu !

Comme le rappelle Jacques Vassal dans son livre consacré à Ferré*, il accepta de la rechanter normalement à la fin de sa vie, comme ultime rappel, en prenant soin en préambule de demander au public de ne pas applaudir à la fin.

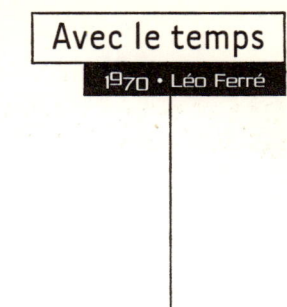

Avec le temps
1970 • Léo Ferré

Parmi toutes les reprises d'*Avec le temps*, certaines méritent vraiment d'être écoutées. La version fort émouvante de Dalida a contribué à donner à la chanteuse une autre envergure dans le cœur du public.

Plus fragile mais tout aussi touchante fut celle de Jane Birkin. Il est d'autant plus amusant d'entendre Jane chanter du Ferré qu'à une époque Léo, sous le charme, lui avait fait des « offres de services » en proposant de lui écrire des chansons.

Mais Gainsbourg, peu partageur en l'occurrence, s'était fermement opposé à ce projet.

Enfin, la version la plus bouleversante d'*Avec le temps* est sans conteste celle d'Henri Salvador. Servi par un octogénaire au bord des larmes, le texte prend encore une tout autre dimension dramatique.

À n'écouter que les jours de plein soleil, avec un moral de champion olympique. Sinon…

* *Léo Ferré l'enfant millénaire*, Hors Collection, 2003.

Your Song

> *I hope you don't mind, I hope you don't mind*
> *That I put down in words*
> *How wonderful life is while you're in the world...*

Cette chanson est née d'une rencontre.

Nous sommes à la fin des sixties et bien malin celui qui devinerait en Reginald Kenneth Dwight, petit bonhomme rondouillard né le 25 mars 1947 dans le Middlesex, la future rock star Elton John.

Coursier chez un éditeur musical et pianiste dans divers groupes, il s'est fabriqué son pseudonyme en empruntant leurs prénoms à deux de ses amis musiciens, Elton Dean et John Bradly.

Fort de cette nouvelle identité, Elton tombe un jour sur une petite annonce dans le *New Musical Express* : une filiale de la firme Liberty Records recherche de nouveaux talents à auditionner.

Il se présente, on lui demande de chanter et il est contraint d'avouer que, s'il a déjà composé des dizaines de mélodies, les textes ne sont pas sa « *cup of tea* ».

Qu'à cela ne tienne, un directeur artistique inspiré lui remet une série de morceaux écrits par un autre candidat, ignorant qu'il va provoquer ainsi une révolution !

À l'image du mythique « Lennon/McCartney », le couple « Elton John/Bernie Taupin » est né. Alléluia !

Leurs enfants s'appelleront *Crocodile Rock*, *Candle In The Wind*, *Sorry Seems To Be The Hardest Word*, et bien sûr *Your Song*...

Sortie en 1970 sur ce qui est considéré comme le premier vrai album d'Elton – « I've Been Loving You » et « Empty Sky » pouvant être appréciés comme des galops d'essai –, *Your Song* est le premier gros tube de la star.

Classé simultanément n° 7 en Grande-Bretagne et n° 8 dans les *charts* américains, elle reste l'une de ses plus belles chansons.

Les mots sont simples, touchants : «Je n'ai pas d'argent pour t'offrir une maison/La meilleure chose que je puisse t'offrir est cette chanson, elle est pour toi...»

On ne compte plus les reprises, de l'orchestre symphonique de Melbourne en 1987 dans l'album «Elton John Live In Australia» à la plus récente et splendide version de Billy Paul.

Your Song est entrée dans la légende.

Laisse-moi t'aimer

1970 • Mike Brant

" La feuille qui grandit a besoin de lumière
Et le poisson meurt sans l'eau de la rivière
Aussi vrai que nos corps sont nés de la poussière
Toi tu es mon soleil et mon eau vive…
"

En 1969, Sylvie Vartan est en tournée. Dans une discothèque de Téhéran, elle croise un jeune chanteur israélien dénommé Moshé Brand. Séduite par son charme et sa voix, aidée de son secrétaire, le fantaisiste Carlos, elle le convainc de venir tenter sa chance à Paris, et c'est chez ce dernier qu'il trouve en arrivant le gîte et le couvert.

En cette année, érotique selon Gainsbarre, au hit-parade des faiseurs de tubes un certain Jean Renard commence à faire parler sérieusement de lui.

Sylvie et quelques autres vedettes lui doivent bon nombre de leurs disques d'or. Tout naturellement, Carlos lui présente Moshé.

Il est onze heures du matin, Jean s'en souvient avec une précision de montre suisse. Il plaque quelques accords de piano et demande à l'inconnu, dans un anglais improbable, de chanter l'air de son choix.

À cet instant se produit une sorte de tremblement de terre. Moshé entame *Summertime* et le temps s'arrête…

Le lendemain, en studio devant un micro, le même miracle se renouvelle. Jean Renard, soufflé, est persuadé d'avoir face à lui une future star internationale. Encore faut-il trouver LA chanson capable de faire décoller la fusée.

Le compositeur a en réserve une superbe mélodie qu'il envisageait de faire écouter à Dick Rivers. Il est certain qu'elle s'adaptera parfaitement à la voix exceptionnelle de sa nouvelle recrue.

Le temps de rebaptiser Moshé Brand en Mike Brant et d'écrire les paroles, *Laisse-moi t'aimer* est prête pour l'enregistrement.

Mike ne parle pas un mot de français. Il retranscrit phonétiquement et en caractères hébraïques le texte et, s'il lui faudra tout de même une semaine pour le mettre en boîte, le résultat est étonnant !

Son premier grand passage sur scène a lieu en février 1971, lors du Midem, grand marché de tous les professionnels du disque.

Mike Brant réussit un exploit : tout le métier présent ce soir-là, d'ordinaire si blasé, se lèvera à la fin de *Laisse-moi t'aimer* pour lui offrir sa première *standing ovation*.

Aimer à perdre la raison

1971 · Jean Ferrat

> « *Aimer à perdre la raison*
> *Aimer à n'en savoir que dire...* »

La genèse de cette chanson est liée à l'intense admiration que vouait, adolescent, Jean Tenenbaum – le vrai nom de Jean Ferrat – à l'œuvre du poète Louis Aragon.

À tel point qu'un des premiers faits d'armes du jeune compositeur fut d'avoir mis en musique *Les Yeux d'Elsa*, qu'enregistra André Claveau.

La première vraie rencontre entre Ferrat et son idole remonte à l'année 1961.

Le chanteur triomphe avec *Ma môme*, un texte que lui a offert Jean Frachet. Aragon, à l'écoute de ces couplets, manifeste le désir de rencontrer le nouveau venu.

Précisons que dans la vague yé-yé montante, Ferrat fait vraiment figure d'exception culturelle.

De là naît une amitié entre les deux hommes, suivie d'une collaboration régulière. Tous les deux ans, quand les muses de l'inspiration sont au rendez-vous, le chanteur que l'on dit « engagé » s'empare d'un poème de son illustre aîné pour le mettre en musique et à son répertoire : *Un jour, un jour, Que serais-je sans toi, Heureux celui qui meurt d'aimer*, autant de chansons d'amour qui alimenteraient à elles seules les ouvrages consacrés à ce thème. *Aimer à perdre la raison* est peut-être la plus connue, c'est aussi la dernière de cette splendide coopération.

Initialement, le poème d'Aragon s'intitulait « La Croix pour l'ombre » et Ferrat, avec l'accord de l'auteur, ajouta les quelques vers qui font office de refrain, *Aimer à perdre la raison* devenant le titre.

Ferrat, invité sur les plateaux de Michel Drucker, se fait toujours un devoir d'interpréter cette chanson puisqu'elle est l'une des préférées de l'animateur.

Pour un flirt

1971 • Michel Delpech

Je ferais l'amoureux
Pour te câliner un peu
Pour un flirt avec toi... **"**

Encore une face B – du disque « Le Blé en herbe » – dont le destin a étonné tout le monde, à commencer par l'auteur lui-même !

Celui qui disputait à Michel Drucker la place de gendre idéal et qui avait commis avec Roland Vincent une chansonnette gentille et légère s'aperçut qu'en pleine vague de libéralisation des mœurs et de la sexualité, trois ans avant la loi Veil, une certaine jeunesse, midinettes et amoureux transis, était restée très fleur bleue.

Le *gimmick* joué par les trompettes au début de *Pour un flirt* y est certainement pour quelque chose...

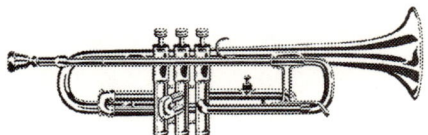

San Francisco

1972 • Maxime Le Forestier

> « *C'est une maison bleue*
> *Adossée à la colline...* »

La maison bleue de Maxime Le Forestier évoquée dans *San Francisco* a réellement existé.

L'auteur se souvient d'une sorte de kibboutz « bordélique » où il séjourna deux mois en 1970.

À l'époque, Frisco était la capitale du « *Flower Power* » et la destination privilégiée, avec Katmandou, de tout bon chevelu barbu de l'immédiat après-68.

Si vous avez attentivement écouté les paroles de cette chanson devenue culte, Luc et Psylvia évoqués dans le refrain sont de vieilles connaissances.

Dans la réalité, les deux amis de Maxime se prénommaient Luc et Sylvia. Psylvia est née de la contraction du prénom féminin et de la psilocybine, substance hallucinogène dont les habitants de la maison bleue ont peut-être de temps en temps un peu abusé !

Nostalgique de ce souvenir de jeunesse, Maxime Le Forestier a refait le voyage en 1976.

Si des hippies habitaient encore la maison adossée à la colline, ils étaient devenus leaders dans la commercialisation de produits bio !

Moralité : « baba-coolisme » et économie de marché ne font pas forcément mauvais ménage...

Fernande

1972 · Georges Brassens

" Quand je pense à Fernande,
Je bande, je bande... "

Grâce à – ou à cause de – Georges Brassens, les Fernande ne sont plus célébrées uniquement le 27 juin, comme l'indique le calendrier des Postes. Avec cette chanson, c'est leur fête toute l'année...

Affublées d'un prénom pas franchement évident à porter, elles devinrent dès lors la proie facile de toutes sortes de plaisanteries de plus ou moins bon goût.

Pourtant, il n'y a pas de quoi rougir. Avoir provoqué chez l'illustre poète une telle érection et une telle inspiration est un phénomène plutôt réjouissant.

Quant à ceux qui se sont offusqués à l'époque des mots crus employés par le « pornographe du phonographe », qu'ils écoutent *Daniela* où « on peut y mettre les doigts » (*sic*), par le groupe Elmer Footbeat !

En comparaison, *Fernande* fait figure de mièvre comptine pour enfants sages...

You Are The Sunshine Of My Life

1972 • Stevie Wonder

> " *You are the sunshine of my life*
> *That's why I'll always be around*
> *You are the apple of my eye*
> *Forever you'll stay in my heart...* "

Stevie Wonder était ce qu'il est convenu d'appeler un enfant précoce.

Non-voyant de naissance, le «*twelve year-old musical genius*» («le génie musical de douze ans»), comme l'avait baptisé sa maison de disques, collectionnait déjà enfant les disques d'or.

À vingt-deux ans, en 1972, il monta son propre label de production, Black Bull Music, et accumula les Grammy Award, l'équivalent de nos Victoires de la musique.

Il en reçut d'ailleurs un pour *You Are The Sunshine Of My Life*, dédié à son éphémère épouse de l'époque, la chanteuse Syreeta Wright.

Mariage en 1970, divorce en 1972, on ne peut pas dire que les deux tourtereaux se soient laissé gagner par la routine !

Il reste une splendide chanson que Sacha Distel enregistra en français en 1973, en duo.

Pour lui donner la réplique, il sollicita celle qui fut un temps, à la fin des années 50, sa «fiancée», Brigitte Bardot elle-même, symbole de l'indépendance féminine. Elle ne s'était pas encore prise de passion pour les bébés phoques et autres causes beaucoup plus nauséabondes.

Tu es le soleil de ma vie remporta un franc succès et permit à Thierry Le Luron de se livrer à l'une de ses parodies magistrales, imitant tour à tour le beau Sacha et BB avec un talent inimitable...

Les Passantes

1972 · Georges Brassens

" Je veux dédier ce poème
À toutes les femmes qu'on aime
Pendant quelques instants secrets
À celles qu'on connaît à peine... "

Au début des années 60, alors qu'il flâne au marché aux puces, Georges Brassens achète chez un bouquiniste un petit recueil de poèmes signé par un certain Antoine Pol.

En le parcourant, le père du *Gorille* tombe sous le charme des *Passantes*. On connaît l'amour de Brassens pour la poésie.

Comme il l'a fait avec François Villon ou Paul Faure, il décide de mettre un jour en musique ce magnifique poème.

Une dizaine d'années passent...

Au début des seventies, Brassens est enfin parvenu au bout de son projet et *Les Passantes* est devenue une chanson qu'il s'apprête à enregistrer.

Il faudrait cependant pouvoir prévenir l'auteur et Pierre Onténiente, le fidèle collaborateur, mène les recherches.

En vain. Pas la moindre trace d'un Antoine Pol à la Société des gens de lettres. L'annuaire reste muet, les investigations sont inutiles. Le poète est introuvable.

C'est compter sans les hasards de la vie, qui quelquefois, il faut le reconnaître, font bien les choses...

Un jour, le téléphone sonne dans le bureau de Brassens. En ligne, un ingénieur retraité sollicite, pour le journal associatif dont il s'occupe, l'autorisation de reproduire certaines chansons du grand Georges.

Onténiente lui donne sa bénédiction et, par réflexe avant de raccrocher, demande le nom de son interlocuteur.

Stupeur ! Le vieux monsieur s'appelle Antoine Pol ! Ahuri, Onténiente lui demande en hésitant s'il ne serait pas l'auteur des *Passantes*.

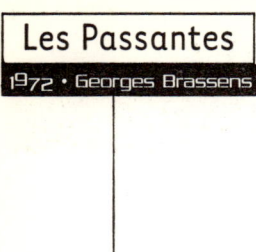

Les Passantes

1972 · Georges Brassens

L'ingénieur poète n'en croit pas ses oreilles. Toute sa vie il a écrit par plaisir, sans jamais envisager l'honneur de la moindre reconnaissance. Et là, à plus de quatre-vingts ans, on lui annonce que Brassens, son idole, va enregistrer un de ses poèmes !

La fin de l'histoire est malheureusement plus triste.

Quelque temps plus tard, Brassens en personne voulut passer un coup de fil amical à Antoine Pol. Il ne put parler qu'à sa veuve, ce dernier venant de quitter ce monde sans avoir entendu la chanson de Brassens, mais le cœur empli du bonheur de savoir que ses *Passantes* lui survivraient...

Salut les amoureux

1972 · Joe Dassin

« On s'est aimés comme on se quitte
Tout simplement sans penser à demain
À demain qui vient toujours un peu trop vite
Aux adieux qui quelquefois se passent un peu trop bien... »

C'est aujourd'hui encore l'une des chansons les plus diffusées de Joe Dassin. Probablement parce que *Salut les amoureux*, évocation d'une rupture sans mélo, dégageait en ce début des seventies un parfum avant-gardiste.

Si l'on s'immerge dans les adieux chantés de l'époque, on s'aperçoit que rares sont les séparations vécues avec autant de tendresse et de douceur.

De *Qui saura* à *Il est mort le soleil*, les fins d'amour n'ont souvent rien d'un *happy end*.

L'idée de Claude Lemesle est justement de prendre le contre-pied de l'air du temps. Il conçoit donc avec la collaboration de Ricky Dassin, la sœur de Joe, un genre de petit scénario où chaque personnage est si justement esquissé que l'on arrive à le visualiser.

Ainsi cette «patronne du café» que l'on a tous l'impression d'avoir rencontrée au moins une fois...

Si le texte est superbement réussi, il est très éloigné de la version originale. *City Of New Orleans*, interprétée par Arlo Guthrie, narrait les tribulations d'un train dans sa traversée des États-Unis.

Sujet impossible à adapter en français !

D'autant que, lors de la sortie du disque, l'interprète et ses auteurs reçurent une volée de bois vert.

De nombreux critiques – dont Robert Charlebois a justement chanté qu'ils étaient des ratés sympathiques – hurlèrent au scandale. L'auteur Steve Goodman avait, selon les redresseurs de torts, été trahi.

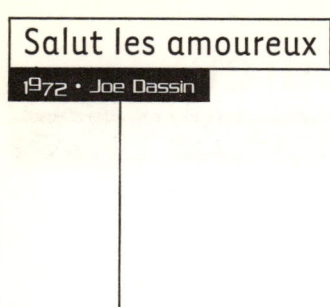

Ils ignoraient que, dans le même temps, l'éditeur américain envoyait une lettre aux adaptateurs français pour les remercier de la qualité de leur texte, qui s'avérait selon lui et l'auteur bien supérieur à l'original !

Ces péripéties n'entamèrent en rien l'attachement tout particulier que Joe Dassin portait à cette œuvre.

Lorsque, au cours de l'une de ses émissions de variétés, Guy Lux demanda à l'artiste de venir interpréter sa chanson préférée, le choix de Joe se porta sur *Salut les amoureux*.

On peut enfin imaginer que Patrick Bruel, qui adore ce titre, ait voulu lui rendre hommage dans *J'te le dis quand même*. Même séparation sans heurts, même café témoin de ces adieux... peut-être un clin d'œil de Patrick à son illustre aîné Joe.

Amoureuse

1972 · Véronique Sanson

« Et je me demande
Si cet amour aura un lendemain
Quand je suis loin de lui
Je n'ai plus vraiment toute ma tête... »

En mai 1972 paraît «Amoureuse», le premier album d'une jeune femme auteur-compositeur-interprète nommée Véronique Sanson. Le réalisateur de ce disque n'est autre qu'un certain Michel Berger.

«Amoureuse» révèle avant tout une voix et un vibrato très particulier qui place d'emblée la nouvelle venue aux antipodes des variétés des années 70.

Avant elle, il est vrai, au rayon femmes, on trouvait soit des chanteuses engagées qui ne jouaient en aucun cas sur le charme, soit des chanteuses au répertoire plus léger, dont le physique constituait l'un des arguments majeurs.

Avec Véronique Sanson, non seulement les chansons sont magnifiques, mais on est, en plus, sous le charme de l'interprète.

Revenons au thème d'*Amoureuse*. Il n'est pas étranger à la nouvelle image de la femme – indépendante et féminine, jolie sans être potiche – que l'on voit poindre dès le début de la décennie.

C'est surtout l'une des premières fois qu'une artiste chante une relation amoureuse adultère : «Une nuit je m'endors avec lui et je sais bien qu'on nous l'interdit... », thème jusque-là réservé aux hommes !

Dans ce texte, point de maîtresse bafouée se résignant à jouer les seconds rôles, mais une ravissante jeune femme assumant haut et fort, «Sans que j'aie l'ombre d'un remord», une relation sur fond vraisemblable d'infidélité conjugale.

Avec cette chanson, Véronique Sanson impose une image de la fragilité féminine qui se démarque totalement de celle traditionnellement assignée au sexe dit faible par le discours machiste ambiant.

Elle ouvre avec cet album et cette chanson la voie (la voix ?) à une nouvelle génération de chanteuses de variétés.

La Maladie d'amour

1973 • Michel Sardou

> " *Elle court, elle court*
> *La maladie d'amour*
> *Dans le cœur des enfants*
> *De sept à soixante-dix-sept ans...* "

Le *Canon* de Pachelbel* a beaucoup inspiré les compositeurs de chansons. La mélodie de cette *Maladie* en est un exemple supplémentaire.

L'origine du texte est cependant plus inattendue.

Se promenant, l'auteur Yves Dessca passe devant un cinéma de quartier et est très impressionné par l'importance de la file d'attente des spectateurs, patientant dans le froid afin de pouvoir assister à la séance.

Nous sommes en 1973 et un film attire un monde fou, remportant tous les suffrages au box-office.

Il s'agit d'*Elle court, elle court, la banlieue*, de Gérard Pirès, avec Marthe Keller et Jacques Higelin dans les rôles principaux.

Cette comédie est une satire au ton léger et drôle. Elle tourne en dérision le fameux « métro, boulot, dodo » vécu chaque jour par des milliers de banlieusards.

Le titre de ce long métrage inspirera donc Dessca qui trouvera le début du refrain d'une chanson en gestation pour Michel Sardou.

Le parolier franchit allègrement le pas séparant « Elle court, elle court, la banlieue » d'« Elle court, elle court, la maladie d'amour », et il signe avec Jacques Revaux et Michel Sardou l'un des plus gros succès de ce dernier.

Tout l'été 1973, des millions de gens vont danser et s'arracher le 45 tours du chanteur qui obtient avec ce titre ses galons de grande vedette.

En matière d'amour, Sardou n'en restera pas là et récidivera avec des œuvres comme *Je vais t'aimer* ou *Je veux l'épouser pour un soir*, le ton devenant plus précis et décidé. L'artiste s'y révèle beaucoup plus entreprenant.

En comparaison, sa maladie d'amour fait figure de petit rhume bénin !

---

* Johann Pachelbel (1653-1706) : organiste et compositeur allemand, auteur du fameux *Canon*, qui outre *La Maladie d'amour* a largement « inspiré » *Rain And Tears*, des Aphrodite's Child.

Faut pas pleurer comme ça

1973 • Daniel Guichard

"
Tu sais, pleurer ça sert à rien
Laisse un peu, laisse un peu
Dormir ta peine, dans un coin... *"*

Aussi étonnant que cela paraisse, la première fois que Daniel Guichard franchit le seuil de chez Barclay, ce ne fut pas en tant que chanteur, mais plus modestement comme magasinier de la célèbre maison de disques.

Tous les chemins, dit-on, menant à Rome, quelques années passées dans les entrepôts le conduisent vers un premier très gros succès : *La Tendresse*.

Donner suite à un tel tube n'est pas chose facile. Avec l'aide de son directeur artistique, Daniel cherche tous azimuts la bonne idée pour son prochain disque.

Il finit par remarquer une musique très efficace et la met de côté. Cette mélodie est signée Christophe, oui, oui, Christophe, la star de l'été 1965, l'inconsolable amoureux d'Aline...

Daniel Guichard travaille les paroles et enfante un premier texte :
Le soir, j'traîne dans les bars
Y'en a qui m'offrent à boire
À boire plus qu'il n'en faut
On m'écoute chanter
On m'écoute parler
Jusqu'au dernier métro...

Bon, c'est pas mal mais cette histoire d'alcoolique ne satisfait pas le chanteur. Une telle musique, pense-t-il, mérite mieux.

Le temps passe... Daniel cherche toujours l'inspiration.

Un jour, traversant l'avenue pour se rendre à nouveau chez Barclay, le regard de l'artiste se pose sur une jeune fille qui pleure à chaudes larmes, près d'un feu rouge.

Faut pas pleurer comme ça
1973 • Daniel Guichard

Spontanément, il fredonne *Faut pas pleurer comme ça* sur la mélodie de Christophe. Il est maintenant certain de «tenir» sa chanson. Il fait demi-tour et rentre chez lui la finir.

Guichard ne s'est pas trompé puisque *Faut pas pleurer comme ça*, succès de l'année 1973, reste aujourd'hui l'un des passages obligés de son tour de chant.

Les Vieux Mariés

1973 · Michel Sardou

" On vient de marier le dernier.
Tous nos enfants sont désormais heureux sans nous.
Ce soir il me vient une idée :
Si l'on pensait un peu à nous... "

Si l'on sait qu'une histoire d'amour, une séparation, une liaison de vacances peuvent participer au succès d'une chanson, une bonne dispute peut aussi favoriser l'inspiration.

C'est ce que se plaît à raconter le parolier émérite Pierre Delanoë. Franchement, l'histoire vaut le détour...

Tout commence avec la magnifique chanson de Jacques Brel, *Les Vieux*, que Delanoë détestait souverainement.

Il reprochait au Grand Jacques d'avoir utilisé son talent, sa poésie et son sens aigu du réalisme pour composer un texte déprimant, voire désespérant.

Brel avait été à l'époque, paraît-il, un peu ébranlé par les arguments de Pierre.

Ce dernier, conseillé par sa colère, prit la plume à son tour pour riposter et répondre à cette chanson qui visiblement lui sortait par les oreilles !

Il écrivit donc sur le troisième âge un message de tendresse et d'espoir, l'intitula *Les Vieux Mariés* et le proposa à Gilbert Bécaud. Échec sonore.

L'artiste, au zénith de sa carrière, avait une telle angoisse de la vieillesse que jamais ces vieux mariés-là ne trouvèrent asile dans son répertoire.

C'est seulement dix ans plus tard, à Megève, que ces décidément très vieux mariés trouvèrent leur interprète.

À table, Delanoë raconta à Michel Sardou l'histoire de cette chanson dormant dans son tiroir, la querelle avec Brel, le refus de Bécaud.

Le soir même, en partant du titre et de l'idée de Pierre, Sardou avait réécrit une nouvelle version.

Sur une musique de Jacques Revaux, elle deviendra le grand succès que l'on connaît.

Il venait d'avoir dix-huit ans

1973 · Dalida

« *Il venait d'avoir dix-huit ans*
Ça le rendait presque insolent de certitude
Et pendant qu'il se rhabillait
Déjà vaincue, je retrouvais ma solitude... »

Pascal Sevran, avant d'être le producteur de « La Chance aux chansons », fut élève du Petit Conservatoire de la chanson créé par Mireille.

Comme Jacqueline Danno qui se produit ce soir-là au Don Camillo.

Pascal est en route pour assister au spectacle de sa copine. Celui-ci terminé, Jacqueline demande à son ami, dont elle connaît les talents de plume, de lui écrire une chanson « tranche de vie, à la Reggiani ».

En rentrant chez lui, au volant de sa voiture, l'idée et les premiers vers lui viennent spontanément : *Il venait d'avoir dix-huit ans* ou les relations amoureuses d'une femme mûre et d'un adolescent.

Ce thème, abordé dans la littérature et au cinéma, ne l'a jamais encore été en chanson.

Petit problème, Pascal ne dispose d'aucune musique. Il va utiliser un petit « truc » connu de tous les paroliers : se caler sur une musique existante, en l'occurrence celle de *Comme ils disent*, de Charles Aznavour.

Démonstration : prenez les paroles d'*Il venait d'avoir dix-huit ans* et chantez-les sur l'air de *Comme ils disent*... Cela colle « pile poil ».

Le travail achevé, il le confie au compositeur Pascal Auriat sans lui dévoiler son modèle musical.

Comment cette chanson est-elle arrivée chez Dalida ? Très simplement. Auriat et Sevran viennent de lui faire écouter plusieurs compositions, sans succès. Ils abattent leur dernière carte et lui jouent le titre qui, on le sait, ne lui était pas destiné...

Cette chanson émouvante reste l'une des plus belles de la diva.

Angie

1973 · Les Rolling Stones

« *But Angie, Angie, ain't it good to be alive*
Angie, Angie, they can't say we never tried… »

Angie est l'un des plus gros tubes des Rolling Stones, bien que musicalement la chanson soit loin d'être la plus originale.

La mélodie n'est pas sans rappeler la superbe *Sunny*, de Robby Hebb, adaptée en français par Richard Anthony, mais cette similitude n'a pas empêché *Angie* de « cartonner ».

Enregistrée à la Jamaïque dans l'album « Goat's Head Soup » et sortie en single en août 1973, elle a réussi l'exploit de se classer n° 1 des tops américains.

Ce titre est un hommage à Angela Barnett, qui fut l'épouse de David Bowie pour le meilleur et surtout pour le pire.

Parfaitement en marge de toutes les représentations conjugales traditionnelles, ce couple, on ne peut plus équivoque, fera souvent la une de la presse à scandales.

Mais, pourriez-vous légitimement penser, pourquoi Mick Jagger, l'auteur, a-t-il été inspiré par Mme Bowie ?

À en croire cette dernière, il semblerait que le beau Mick et elle se soient très bien connus. Dans ses Mémoires, Angela décrit avec force détails les circonstances dans lesquelles Jagger est devenu son amant après avoir été celui… de son mari David !

Tout ceci restait donc en famille, et on imagine que cela pouvait créer des liens…

Au moment où *Angie* s'impose en tête des hit-parades français, Keith Richard, condamné pour trafic de stupéfiants, est interdit de séjour dans notre beau pays. C'est la raison pour laquelle la tournée 1973 des Stones ne passe pas par la France.

Nous ne résisterons pas au plaisir de nous remémorer la critique de Nick Kent, parue dans le très sérieux *New Musical Express*, à propos d'*Angie* : « C'est certainement le travail le plus déprimant qu'il m'ait été donné de faire en tant que journaliste rock. Ce single est une erreur à tous les niveaux. *Angie* est une horreur. »

Je suis venu te dire que je m'en vais

1973 · Serge Gainsbourg

> « *Je suis venu te dire que je m'en vais*
> *Et tes larmes n'y pourront rien changer*
> *Comme dit si bien Verlaine "au vent mauvais"*
> *Je suis venu te dire que je m'en vais…* »

Gainsbourg était un poète connaissant ses classiques.

Ainsi que le rappelle Gilles Verlant dans son superbe ouvrage* consacré à la star, *Je suis venu te dire que je m'en vais* est directement inspiré du poème de Verlaine « Chanson d'automne ».

Comme il l'a fréquemment fait avec les compositeurs classiques, Chopin notamment, Gainsbarre a trituré, coupé, collé les vers originaux, en ajoutant bien sûr une bonne dose de son talent, pour nous offrir le texte que l'on connaît.

Ainsi les vers de Verlaine : « Tout suffocant et blême quand sonne l'heure/Je me souviens des jours anciens et je pleure… » sont devenus « Tu te souviens des jours anciens et tu pleures/Tu suffoques, tu gémis, maintenant qu'a sonné l'heure… » sous la plume « gainsbourienne ».

Les sanglots de Jane Birkin sont pour beaucoup dans le succès de cette chanson. Étaient-ils dûs à un gros chagrin consécutif à une scène de ménage ? Point du tout !

Si Jane pleurait à cette époque, c'est que sa petite Charlotte était partie passer une semaine de vacances chez sa grand-mère en Angleterre. Attristée par cette séparation, la jeune maman avait trempé quelques mouchoirs.

Plus pragmatique, le père avait vu dans ces grosses larmes touchantes matière à renforcer le climat dramatique de sa dernière chanson. Voilà pourquoi, avec son accord, Serge avait enregistré les effluves lacrymaux de sa compagne.

Je suis venu te dire que je m'en vais

Enfin, *Je suis venu te dire que je m'en vais* est une aubaine pour tout bon lâche qui se respecte ne sachant pas comment quitter sa petite amie. Il lui suffit de lui envoyer cette chanson pour s'éviter de longues et toujours pénibles explications...

* *Gainsbourg*, Éditions Albin Michel/Rock'n folk, 2000.

Paroles, paroles

1973 • Dalida

> « *Caramels, bonbons et chocolats*
> *Merci, pas pour moi*
> *Mais tu peux bien les offrir à une autre*
> *Qui aime le vent et le parfum des roses...* »

L'histoire de cette chanson est indissociable de son auteur, la parolière Michaële.

Celle-ci rencontre Orlando, le frère de Dalida, qui lui demande d'adapter en français une chanson n° 1 en Italie : *Paroles, paroles*, interprétée par Mina et Alberto Lupo.

Ravie, elle part en vacances.

Au retour, une déception l'attend. Orlando lui annonce qu'il est trop tard, quelqu'un d'autre a fait une très bonne adaptation. Dalida, la trouvant satisfaisante, a déjà enregistré le morceau qu'elle fera en duo.

Michaële, déçue, apprend que le partenaire de Dalida est Alain Delon.

Orlando, pourtant, la supplie de proposer une version « repoussoir » pour que Delon, à qui rien ne doit être imposé, star oblige, ait un semblant de choix. Elle hésite, un peu vexée, mais finit par jouer le jeu.

Elle met en forme un premier « Promesses, promesses » puis *Paroles, paroles*, plus original, est présenté.

Bien lui en a pris car, contre toute attente, le bel Alain choisit la version de Michaële ! L'entourage s'exécute, c'est Delon, tout de même...

Dalida accepte aussi mais tique sur « caramels, bonbons et chocolats ». Pourquoi pas esquimaux en plus ? Ce n'est pas possible.

Michaële ne transige pas : « Fais-moi confiance, c'est cette phrase-là que l'on gardera en tête... »

Elle avait raison. Ce « parlé chanté » est un gros tube !

Détail : Delon, très pro, avait appris son texte comme un rôle. Il sut le dire par cœur.

Message personnel

1973 · Françoise Hardy

"
Et si tu crois un jour que tu m'aimes
N'attends pas un jour, pas une semaine
Et cours et cours jusqu'à perdre haleine
Et viens me retrouver... **"**

À cette période, Françoise Hardy est de son propre aveu artistiquement perdue. Sans maison de disques, elle ne sait plus dans quelle direction aller.

Preuve de son trouble, elle envisage même un temps de signer un contrat avec Flèche, la maison de production de Claude François.

Son ami le photographe Jean-Marie Périer l'en dissuade et propose de lui présenter Michel Berger. Peu connu du grand public, il incarne le renouveau de la chanson française depuis sa collaboration avec Véronique Sanson.

Rendez-vous est pris dans l'île Saint-Louis à Paris, au domicile de la chanteuse.

Le compositeur se met au piano et joue une mélodie qui séduit immédiatement Françoise Hardy : « J'ai tout de suite pressenti qu'elle avait quelque chose en plus et que ça allait marcher... », se souvient-elle.

Pour les paroles, Michel a déjà sa petite idée. Il propose d'écrire la partie chantée et demande à Françoise d'ajouter une partie entièrement parlée. C'est d'ailleurs elle qui trouve le titre *Message personnel*.

Le texte, superbe, évoque certaines inhibitions générées par l'état amoureux : plus on a besoin de quelqu'un, moins on arrive à le lui avouer !

On peut vraisemblablement penser que ce *Message personnel* de Michel Berger est alors destiné à Véronique Sanson. Il souffre terriblement de son départ outre-Atlantique où elle vit une nouvelle passion avec Stephen Stills.

Après un enregistrement durant lequel Berger, très exigeant, ne laisse rien passer à son interprète, c'est le moment de vérité.

Message personnel

1973 · Françoise Hardy

Dès la première diffusion sur Europe 1, Françoise Hardy pressent qu'elle a gagné.

Présents dans le studio de la radio ce jour-là, Jacques Dutronc et Serge Gainsbourg sont littéralement subjugués par la chanson. Ils ne seront pas les seuls.

Voilà plus de trente ans que ce message, finalement pas si personnel que cela, continue d'aller droit au cœur de milliers d'amoureux transis.

Je suis malade

> *« Je suis malade, complètement malade,*
> *Comme quand ma mère sortait le soir*
> *Et qu'elle me laissait seul avec mon désespoir… »*

Un soir, dans un petit bistrot parisien, Serge Lama dîne avec sa complice Alice Dona.

Il lui confie qu'il vit depuis plusieurs mois une véritable passion amoureuse, merveilleuse et douloureuse à la fois. Il se consume littéralement de l'intérieur, et ponctue son récit de : «J'en suis malade, vraiment malade…» qui provoquent chez Alice une compassion sincère.

Rentrée chez elle, Alice Dona n'arrive pas à dormir. Les phrases de Serge dansent dans sa tête toute la nuit.

Au matin, elle ressent un besoin irrépressible de s'asseoir devant le piano, comme guidée par une force céleste.

Sans trop d'effort, elle crée une superbe mélodie forte et émouvante. Elle veut la faire écouter à Serge, mais ce dernier est parti le matin même pour deux mois de tournée d'été.

Alice attend son retour et lui avoue n'avoir jamais été aussi fière d'une composition, avant de la lui jouer. Inquiète, elle attend son verdict.

«Papier», ordonne Serge à la manière d'un chirurgien se préparant à opérer…

Là, selon une méthode tant de fois éprouvée par eux deux, Alice se transforme en magnétophone vivant et rejoue les notes autant de fois que nécessaire près de Serge noircissant les feuilles blanches dans un silence impressionnant.

C'est fini. Serge Lama relève la tête et Alice Dona sent à la seconde, avant même de l'entendre, qu'ils viennent d'écrire ensemble leur plus belle chanson, celle qui ne ressemble à aucune autre : *Je suis malade*.

Enregistrée en 1974 sur le même album que *Les Petites Femmes de Pigalle*, cette œuvre est tout d'abord popularisée par Dalida qui l'interprète de façon bouleversante.

Depuis trente ans, de Lara Fabian à Thierry Amiel, cette chanson fait le bonheur de tous les chanteurs à voix, car il faut vraiment en avoir une belle pour oser s'attaquer à un tel standard !

C'est moi

> *Oui, Jérôme c'est moi, non je n'ai pas changé*
> *Je suis toujours celui qui t'a aimée...*

Nous sommes en mai 1974 et, comme tous les ans à la même époque, la course aux tubes de l'été est ouverte.

C. Jérôme, comme tous ses confrères, est dans les *starting-blocks*.

La musique retenue pour la face A de son prochain 45 tours est signée Sylvain Garcia, celui qui, de *Kiss Me* à *L'Himalaya*, a déjà contribué à hisser le chanteur au sommet des hit-parades.

Sur cette mélodie, C. Jérôme écrit un texte un peu banal :

C'est la vie, on s'aime
Et puis on se sépare
Un jour comme ça
C'est le fruit du hasard...

Bref, pas de quoi forcer les pages du Lagarde et Michard !

Lors de l'enregistrement, Jean Albertini, le directeur artistique, trouve les paroles franchement faibles. Certes, on doit être populaire, mais là, l'indigence du refrain ne passe pas.

C'est à cet instant qu'intervient un ingénieur du son nommé Lousteau.

Pour détendre l'atmosphère, il chantonne sur la musique du refrain : « C. Jérôme, c'est moi » et Claude (le vrai prénom de C.) enchaîne « Non, je n'ai pas changé... »

Albertini tape du poing sur la table et crie : « La voilà l'idée ! »

« C. Jérôme, c'est moi » devient « Oui, Jérôme c'est moi » et le tour est joué !

Pour remercier Lousteau de son éclair de génie, le directeur artistique et le chanteur, coauteurs de la nouvelle mouture, sortent leurs chéquiers et signent chacun à l'ingénieur du son un chèque de dix mille francs (plus de mille cinq cents euros).

Comme la chanson a connu par la suite un très gros succès, c'était somme toute bien mérité...

La Déclaration d'amour

1974 • France Gall

> *Quand je suis seule et que je peux rêver*
> *Je rêve que je suis dans tes bras*
> *Je rêve que je te fais tout bas*
> *Une déclaration, ma déclaration...*

Cette chanson signée Michel Berger a été pour France Gall celle de la résurrection artistique. L'ex-idole des yé-yé connaissait alors une réelle traversée du désert.

Elle avait même en désespoir de cause sollicité Serge Gainsbourg, avec qui elle n'avait plus travaillé depuis *Les Sucettes*.

Gainsbarre s'était « fendu » d'un 45 tours de la dernière chance, mais ni *Frankenstein* ni *Les Petits Ballons* n'avaient remporté les faveurs du public.

La petite histoire veut que ce soit en entendant *Message personnel* interprété par Françoise Hardy que France ait décidé de contacter Michel Berger. Ce dernier se remettait mal de sa rupture avec Véronique Sanson, tandis que France Gall s'était récemment séparée de Julien Clerc.

La Déclaration d'amour qu'il pensait chanter lui-même fut le premier cadeau offert à sa future femme.

Pourtant, France avoue aujourd'hui avoir été un peu déçue à la première écoute... Elle rêvait d'un titre rythmé et elle héritait d'une ballade sensuelle !

Comme il l'avait fait avec Françoise Hardy, Michel Berger demanda à sa nouvelle égérie d'écrire la partie parlée du texte alors qu'elle ne s'était jamais livrée auparavant à ce genre d'exercice.

Le résultat fut des plus concluants. Cette déclaration fit chavirer bien des cœurs durant l'été 1974 et elle a été la première réussite du duo, à la scène comme à la ville, France Gall-Michel Berger.

Dites-moi

" Dites-moi, dites-moi même
Qu'elle est partie pour un autre que moi,
Mais pas à cause de moi,
Dites-moi ça...
"

Nous sommes à l'aube de l'année 1974 et, après quelques succès d'estime, Michel Jonasz prépare un album. À l'époque, il n'est pas encore auteur-compositeur de ses chansons, il utilise les mots des autres, c'est pourquoi il a demandé au parolier Franck Thomas de lui prêter sa plume.

En ce qui concerne les mélodies, il sent bien que le clavier le démange de plus en plus. Il décide un soir de se jeter à l'eau et de mettre en musique un texte imaginé par son auteur.

Une nuit blanche et quelques litres de café plus tard, Jonasz a composé *Dites-moi* et signé son premier succès.

Mais revenons au texte en ouvrant une petite page animalo-culturelle.

Dès le début, nous apprenons que la dame évoquée mettait «des rideaux bleus aux fenêtres de ses yeux» à l'aide d'un «pinceau en poil de martre ».

Notre ami *Le Petit Robert* nous apprend que la martre est un genre de mammifère carnassier au corps allongé et à la fourrure recherchée. D'où est venue l'idée à l'auteur de cette précision?

En 1952, Franck Thomas était apprenti chez Bernardeaud, entreprise de porcelaine de Limoges, et durant de longues journées il a manié le pinceau en poil de martre, justement, pour peindre de minuscules filets d'or sur les objets en porcelaine.

Cet épisode de sa vie a certainement dû le marquer car il est ressorti quelque vingt ans plus tard dans les paroles de cette chanson.

Si vous avez cent fois fredonné cette phrase sans en comprendre le sens, vous voici enfin éclairés!

Le Premier Pas

1974 • Claude-Michel Schönberg

" Le premier pas,
J'aim'rais qu'elle fasse le premier pas.
Je sais que cela ne se fait pas... "

On peut être le porte-drapeau de la comédie musicale *made in France* et faire tanguer de sa belle voix grave des couples de danseurs alanguis, le temps d'un été.

Claude-Michel Schönberg vient de remiser le costume de Louis XVI. Sa «Révolution française», coécrite avec Alain Boublil, a prouvé, bien avant «Notre-Dame de Paris», que la comédie musicale n'était pas un genre maudit en France.

Schönberg reprend alors ses gammes et compose *Le Premier Pas*.

Les réactions sont unanimes : «Trop longue, pas de refrain, ta chanson on n'en veut pas!»

Qu'à cela ne tienne, l'auteur passe outre ses réticences et s'affiche en face A d'un 45 tours.

Il suffit d'un seul passage chez Guy Lux pour que son slow devienne celui de l'été 1974.

Le Premier Pas de Claude-Michel Schönberg interprète sera aussi le dernier.

Lady Lay

1974 · Pierre Groscolas

" *Lady lady lay, lady lady lady lay,*
Lady lady lady lay
Je vous revois me sourire... "

Lorsqu'il compose, Pierre Groscolas a l'habitude de coller sur ses mélodies un texte en « yaourt ».

Ce drôle de langage n'a en fait aucun sens. Il s'agit de paroles phonétiques destinées uniquement à faire « sonner » la musique, pour la proposer à d'éventuels auteurs.

Voilà comment l'artiste toulousain chanta instinctivement les mots « Lady Lay » sur un nouveau refrain sorti tout droit de sa guitare.

Le premier parolier à plancher sur le sujet fut Pierre Delanoë, qui sans rire proposa à Groscolas un texte baptisé *Laide, laide*, ou l'histoire d'une fille tellement moche qu'aucun homme ne la désirait.

Dans le genre succès commercial et fédérateur... !

Consterné par cette prose, Pierre eut les plus grandes difficultés à refuser sa laideronne à Delanoë.

Ce fut alors Michel Jourdan qui, gardant le « Lady Lay » initial, écrivit un texte populaire et ensoleillé.

Tube en 1974, cette chanson a connu quelques jolies reprises. Au Brésil, elle a été dansée dans de nombreuses écoles de samba et Tom Jones, pas encore *Sex Bomb*, en fit une version anglaise tout à fait remarquable.

Vanina

"
Vanina rappelle-toi
Que je ne suis rien sans toi.
Vanina si tu m'oublies
Je serai pour la vie seul au monde… *"*

Sous le titre original *Runaway*, Del Shannon avait enregistré cette chanson en 1959.

Wounter Levenbach, dans sa Hollande natale, avait été, adolescent, séduit par ce tube.

Navigateur beatnik dans les années 60, il faisait la manche pour survivre en l'interprétant aux terrasses des cafés.

Quoi de plus normal alors que, devenu Dave, chanteur «à minettes» des années 70, il décide d'enregistrer une adaptation française de ce titre.

Patrick Loiseau, auteur et ami du chanteur, se mit au travail.

Dans la première version proposée, point de prénom féminin.

Jean-Jacques Souplet, directeur artistique des disques CBS, ne fut pas convaincu. Compte tenu de la popularité exceptionnelle de son artiste auprès des jeunes filles en fleur, un prénom de femme s'imposait.

La meilleure amie de Patrick Loiseau répondant au joli prénom de Vanina – «elle doit avoir au moins soixante ans aujourd'hui», précise Dave, hilare –, l'héroïne de la chanson fut baptisée ainsi.

Vanina devint l'un des plus gros tubes de l'année 1974.

La voix exceptionnelle de son interprète y fut certainement pour quelque chose.

Dans la version de Del Shannon, les vocalises de Dave «Vanina-a-a-a, Vanina-a-a-a» étaient jouées par un orgue.

Pour qui connaît un peu la musique, il s'agit là d'une vraie performance vocale. Les notes sont si haut perchées que le plus français des chanteurs hollandais réserve toujours *Vanina* à la fin de son tour de chant, histoire d'avoir eu le temps de se chauffer la voix…

Une femme avec toi

1975 • Nicole Croisille

" Tu étais gai comme un Italien
Quand il sait qu'il aura de l'amour et du vin
Et moi pour la première fois, je me suis enfin sentie
Femme, femme, une femme avec toi...
"

Claude Dejacques, à l'époque directeur artistique de Nicole Croisille, reçoit d'Italie *Donna Con Te*, une chanson qu'il retient immédiatement pour son artiste.

Il en confie l'adaptation française à Pierre Delanoë, qui quelques jours plus tard rend sa copie sous la forme d'un texte foisonnant.

Malheureusement, lorsque Nicole tente de l'interpréter, le résultat est décevant. La mécanique du langage français ne colle absolument pas avec les accents de cette mélodie italienne.

Quelques jours passent et la chanteuse soudain trouve une idée lumineuse : demander à Delanoë de récrire son texte en alexandrins.

Selon elle, le rythme ternaire de l'alexandrin doit pouvoir se marier harmonieusement avec la mélodie de sa chanson.

Amusé par le challenge proposé, le parolier remet une fois de plus l'ouvrage sur le métier. Le résultat est probant au-delà de toutes les espérances.

Pourtant, en studio, Delanoë propose de retirer du texte la phrase : «Tu étais gai comme un Italien / quand il sait qu'il aura de l'amour et du vin...» qui lui semble à la réflexion une vision un peu trop «cliché» de nos amis transalpins.

Nicole le supplie, au contraire, de laisser les paroles en l'état.

Elle aura raison, cette image certes réductrice sera pour beaucoup dans le succès d'*Une femme avec toi*.

Bien avant les Chiennes de garde, cette chanson provoqua la réprobation de certaines féministes qui voyaient dans ce texte une image totalement soumise de la femme.

Ce à quoi Nicole Croisille répondit, furieuse : «Lorsque Jacques Brel suppliait "laisse-moi devenir l'ombre de ta main, l'ombre de ton chien" dans *Ne me quitte pas*, personne ne lui a reproché de livrer une image trop soumise des hommes...!»

L'Été indien

1975 • Joe Dassin

« *On ira où tu voudras quand tu voudras*
Et on s'aimera encore lorsque l'amour sera mort... »

Une légende tenace veut que, dans un premier temps, Joe Dassin ait boudé le texte de *L'Été indien*, ce qui est parfaitement faux.

L'artiste, que le parolier Pierre Delanoë crut bon de surnommer avec tendresse le chanteur «attachiant», avait cette fois-là parfaitement adhéré à l'organisation des mots de ses auteurs fétiches.

En effet, pour adapter en français *Africa*, titre original de *L'Été indien*, l'union faisant la force, Claude Lemesle et Pierre Delanoë avaient «planché» de concert.

La tâche n'était pas aisée, le texte initial était loin de favoriser l'ambiance propice à un tube estival. Jugez plutôt : un Noir américain exhortait ses frères de couleur à quitter les États-Unis afin de retourner en Afrique, la terre ancestrale ! Dans le genre slow langoureux, on a fait mieux !

L'élan créateur des auteurs les poussa à utiliser une saison qui n'existe qu'au nord de l'Amérique, l'été indien, et c'est dans les vapeurs des thermes de Deauville que la dernière phrase du refrain vit le jour.

Cet énorme tube de l'été 1975 eut le mérite supplémentaire de faire découvrir l'artiste peintre Marie Laurencin à des millions de Français, qui sans cela n'en auraient vraisemblablement jamais entendu parler.

La consécration pour un succès étant d'être parodié, nous vous recommandons l'écoute de la version réalisée par Chantal Lauby.

Elle est très kitsch et Marie Laurencin est rebaptisée «Marie-Laure Augry enceinte».

Le «tube de l'hiver», signé Guy Bedos, reste amusant quoiqu'un peu plus daté...

Le Chapeau de Mireille

1975 • Marcel Amont

"
Quand j'ai perdu Mireille
Que j'épanchais le cœur affligé
Des larmes sans pareilles
Quel est le bon vent qui les a séchées ?...
"

Marcel Amont, interprète et grand spécialiste de l'histoire de la chanson française, doit une fière chandelle à Georges Brassens.

Alors que Marcel traversait une très mauvaise passe avec des ennuis financiers et sentimentaux, le poète, qui avait l'habitude de faire tester les chansons de son prochain récital à ses amis, lui demanda ce qu'il pensait du *Chapeau de Mireille*.

Amont, séduit, répondit « avé » l'accent : « J'en ferais bien mes dimanches... »

Georges, magnanime et pudique, le sachant dans l'embarras, lui en fit cadeau !

« Il l'a chantée mieux que je ne l'aurais fait », dira-t-il, poussant la générosité jusqu'au bout.

Marcel Amont, pour qui Brassens était un maître, ne manque jamais une occasion de saluer sa mémoire et son geste en lui tirant un grand coup de chapeau...

Et si tu n'existais pas

1975 • Joe Dassin

> « *Et si tu n'existais pas*
> *Dis-moi pour quoi j'existerais*
> *Pour traîner dans un monde sans toi*
> *Sans espoir et sans regrets...* »

Tous les artistes le savent, les lendemains d'un énorme succès ne sont pas forcément les plus faciles à chanter !

À l'automne 1975, les auteurs Pierre Delanoë et Claude Lemesle doivent relever un défi de taille : écrire pour Joe Dassin une chanson au moins aussi « forte » que leur *Été indien* qui avait ensoleillé la période estivale.

Ils se mettent donc ardemment au travail et c'est Claude Lemesle qui lance l'idée de *Si l'amour n'existait pas*, titre s'adaptant parfaitement à la musique de Toto Cutugno.

Comme on ne change pas une équipe gagnante, le compositeur de l'*Été indien* s'est trouvé aussi de nouveau sollicité.

Deux semaines durant, les deux paroliers noircissent des pages et des pages, sans qu'au final rien les satisfasse vraiment. Après plusieurs jours à tourner en rond, Lemesle se rend à l'évidence : « Si l'amour n'existait pas » n'est pas une bonne idée.

C'est d'autant plus facile pour lui de l'affirmer qu'il est à l'origine de cette trouvaille. Et l'auteur d'argumenter : « Si l'amour n'existait pas, rien n'existerait, ce serait le néant, il n'y aurait donc rien à dire. »

Cette idée, au départ intellectuellement séduisante, est en fait vouée à l'échec.

« Par contre, si nous la personnalisons et la transformons en *Et si tu n'existais pas*, nous sortons de l'abstraction pour entrer dans une histoire possible... »

Pierre Delanoë adhère parfaitement à ce raisonnement et le texte est rapidement achevé.

Voilà de quelle façon, après avoir remporté la course aux tubes de l'été, Joe Dassin connaît la même année, avec *Et si tu n'existais pas*, l'un des plus gros succès de l'hiver...

Bidon

1975 • Alain Souchon

"
Elle me dit partons à la mer
Dans ton bolide fendons l'air.
Elle passe pas le 80 ma traction
Consternation...
"

Cette année-là, l'anti-star Souchon fait un tube de *Bidon*, prototype de la chanson anti-séducteur, en tordant le cou à tous les codes de la chanson d'amour traditionnelle.

Dans cette mouvance frime et paillettes du milieu des seventies, notre artiste a beaucoup de mal à trouver sa place.

Sur les plateaux de variétés «guyluxuriantes», il se sent à peu près aussi à l'aise qu'une crevette au sommet de l'Himalaya.

Venir pousser sa chansonnette entre deux minets en chemise à col pelle à tarte hurlant des «je t'aime» à l'envi lui semble relever de plus en plus de la science-fiction...

Alors, notre homme prend son courage et sa plume à deux mains et décide d'annoncer la couleur : «J'suis bidon», une forme de pied de nez au système, signifiant aussi «je m'amuse et surtout je ne me prends pas au sérieux».

Cette franchise plutôt osée pour l'époque va ouvrir les portes du vedettariat à Alain Souchon.

Beaucoup d'anti-héros, d'anti-play-boys qui souffraient en silence vont s'identifier à ces paroles... jusqu'à faire de *Bidon* le tube atypique de l'été 1975. L'artiste en est encore étonné : «Vous vous imaginez! Je me suis retrouvé avec soixante briques sur mon compte en banque. Soixante briques, c'était une sacrée somme pour l'époque! Quelques mois auparavant j'étais clochard et là d'un coup... cela me faisait peur!»

Le gros succès de *Bidon* va aussi donner à Souchon l'opportunité de se produire pour la première fois sur la scène de l'Olympia, en première partie du spectacle de Jean-Jacques Debout.

Bidon

1975 • Alain Souchon

Une tradition voulait que, le soir de la première, Bruno Coquatrix, le maître des lieux, attende derrière le lourd rideau rouge les artistes à la fin de leur prestation.

Alain ignorait tout de cette coutume et c'est fort surpris qu'il vit le patron de l'Olympia le prendre par le bras et lui déclarer : « Ce que vous venez de faire, c'est vraiment de la merde... mais vous avez dans l'œil quelque chose qui me fait dire que vous irez loin ! »

Trente ans plus tard, le pas si bidon Souchon se bidonne encore lorsqu'il évoque cette anecdote !

Requiem pour un fou

1976 • Johnny Hallyday

> *« Je l'aimais tant que pour la garder je l'ai tuée*
> *Pour qu'un grand amour vive toujours*
> *Il faut qu'il meure, qu'il meure d'amour... »*

Si Hervé Vilard, l'inoubliable interprète de *Capri c'est fini*, n'avait pas eu rendez-vous ce matin d'été 1976 avec un jeune compositeur au talent prometteur, Gérard Layani, il est probable que le *Requiem* de Johnny ne serait pas né.

Par un heureux hasard, ce jour-là, le chanteur n'est pas seul.

Est venue lui rendre visite Marie-France Seyrat, une éditrice très intuitive qui réagit immédiatement au talent de mélodiste de Layani. Séduite, elle le contacte en septembre et lui fait une proposition aussi excitante que paralysante : «Johnny Hallyday cherche de nouvelles chansons, auriez-vous des musiques à lui proposer ? »

Le jeune homme n'y croit pas ! C'est trop énorme. Il est même inutile d'essayer ! Johnny ! C'est impossible, il n'est pas à la hauteur...

Malgré son stress, persuadé d'échouer, il relève néanmoins le défi comme on se jette à l'eau et propose à l'artiste une mélodie afin de ne pas regretter d'avoir laisser passer une telle opportunité !

Jacques Revaux, producteur et compositeur fameux de Michel Sardou, chargé de la réalisation du prochain album d'Hallyday, retient la mélodie à sa grande surprise et, mieux encore, demande à l'auteur Gilles Thibault de mettre des paroles sur sa musique.

Ce dernier écrit un texte structuré comme un fait divers, racontant l'histoire d'un forcené, quitté par celle qu'il aime et décidant de la tuer. Il baptise ce texte : *Fou d'amour*.

Joli mais un peu banal... Il se ravise et trouve le titre magique : *Requiem pour un fou...*

Gérard Layani n'a jamais oublié l'énorme émotion dégagée par la séance d'enregistrement. La star française est accompagnée par un orchestre jouant sa mélodie aux arrangements wagnériens !

Depuis vingt-cinq ans, cette chanson n'en finit pas de renaître.

Pour les cinquante ans de l'idole au Parc des Princes, avec Michael Bolton pour la version anglaise, *Fool For Love*, en duo explosif avec une Lara Fabian toute de cuir vêtue : autant de versions démontrant qu'une grande chanson peut traverser le temps et s'adapter à différents styles...

Michèle

1976 • Gérard Lenorman

« Tu avais à peine quinze ans
Tes cheveux portaient des rubans
Tu habitais tout près
Du Grand Palais... »

Ce n'est pas une plaisanterie : à l'origine cette chanson devait s'appeler *Marcelle* ! « Marcelle, assis près de toi, moi j'attendais la récré... »
Franchement, dans le genre romantique, on peut mieux faire.

C'est ce qu'a dû penser Gérard Lenorman lorsque Didier Barbelivien et Michel Cywie lui ont apporté cette chanson qu'il rebaptisa immédiatement *Michèle*, en hommage aux Beatles.

Signalons que Lenorman a été le premier à chanter du Barbelivien, à l'heure où ce dernier traînait encore ses dix-sept ans et ses fonds de culotte sur les bancs du lycée Chaptal à Paris.

Revenons à *Michèle*. Ce mercredi-là, au studio CBE de Montmartre, les choses n'avancent guère. Les musiciens ont fini et le résultat est décevant. Aucune magie, aucune nostalgie bienfaisante n'émanent de ce titre.

Gérard Lenorman tourne en rond. Alors que la section de cuivres est en train de partir, l'ingénieur du son Bernard Estardy a l'un de ces réflexes de génie qui ont fait sa réputation.

Du haut de ses deux mètres, il rattrape sur le pas de la porte le trombone par la manche et, une heure plus tard, la chanson est sauvée. Deux notes de trombone revenant comme un leitmotiv le temps du refrain suffisent à donner à *Michèle* le petit plus indéfinissable qui en a fait l'un des grands succès de l'année 1976.

Les radios l'ont tellement matraqué qu'à l'époque, c'est un comble, le P-DG des disques CBS alla jusqu'à téléphoner aux programmateurs pour qu'ils freinent un peu la diffusion, tant il craignait de lasser le public !

Près de trente ans plus tard, nous sommes toujours aussi heureux de l'écouter...

Ti Amo

1977 • Umberto Tozzi

« Ti amo
Un soldo
Ti amo
In Aria
Ti amo… »

Voici l'exemple type du tube inusable…

Déjà vingt-sept ans qu'à date régulière, et plutôt l'été, la voix éraillée du bel Umberto revient nous dire à l'oreille qu'il nous aime. Et plutôt deux fois qu'une…

En trois minutes trente, « *Ti Amo* » est prononcé pas moins de cinquante-sept fois ! C'est plus de l'amour, c'est de la rage !

Ti Amo est aussi, de l'aveu même de son compositeur-interprète, un billet de loterie gagnant question droits d'auteur.

Grâce à cette mélodie archi efficace, fini pour Umberto les galères, les groupes de rock improbables et les pizzas rassies.

Avec ce titre, le play-boy transalpin va faire le tour du monde et, comme on ne change pas une chanson qui gagne, il la ressort tous les deux ou trois ans sur des compilations qui se vendent comme des petits paninis.

La dernière version, datant de l'été 2002, eut le mérite de révéler au public Lena Ka, artiste prometteuse qui donnait la réplique à Tozzi.

Pour tous les amoureux d'Astérix, *Ti Amo* est désormais liée à jamais au souvenir du film *Mission Cléopâtre*.

La scène où la pulpeuse Monica Bellucci embrasse goulûment Alain Chabat sur la bouche, au rythme de ce tube certifié en or massif, est certainement le meilleur clip que pouvait espérer Umberto Tozzi…

Love Me Baby

1977 · SB Devotion

« Love me baby with emotion
Baby love me with devotion
I see tenderness in your eyes
It's a feeling that you can't disguise... »

À l'époque, Sheila sortait d'un grand succès populaire intitulé *L'Arche de Noé*. Elle était accompagnée sur les plateaux de télévision d'un mouton, d'un canard ou d'un chien et cette œuvre plutôt destinée aux enfants n'était pas de nature à la positionner à l'avant-garde du paysage musical.

À cette même période, l'artiste écoute dans le bureau de son producteur, Claude Carrère, *Love Me Baby*, un titre disco qui l'emballe immédiatement. Elle veut à tout prix enregistrer cette chanson.

Seulement voilà, comment faire évoluer une image archi conventionnelle pour accéder au monde des discothèques et de ses noctambules branchés ?

Un disque de Sheila diffusé en boîte de nuit, c'est tout simplement impensable !

Carrère, qui a toujours plus d'un tour dans son sac, conçoit alors un brillant stratagème.

Il laisse sa protégée enregistrer *Love Me Baby* mais décide, pour la promotion, de diffuser le 45 tours anonymement.

Tous les médias reçoivent un vinyle dans une pochette blanche, avec pour seule mention le nom d'un groupe baptisé SB Devotion.

En une semaine, la chanson devient n° 1 des discothèques. Les radios la diffusent allègrement sans se douter de rien.

Puis, au bout de plusieurs jours, des fans commencent à téléphoner au standard de la radio RTL. Pour eux, cette voix que l'on entend est à coup sûr celle de Sheila.

Le pot aux roses est découvert. Rose comme le minishort pailleté et très moulant dans lequel apparaît Sheila sur le petit écran.

Entourée de trois danseurs blacks, l'ex-petite fille de Français moyen n'opère pas là un simple tournant dans sa carrière mais une véritable volte-face.

C'est courageux et cela va s'avérer payant. Devenue star du disco, Sheila peut enfin prendre son envol artistique et s'exporter hors de nos frontières.

Le Cœur grenadine

1978 · Laurent Voulzy

" J'ai laissé dans une mandarine
Une coquille de noix bleu marine
Un morceau d'mon cœur et une voile
Planqué sous le vent tropical... "

Été 1977... Après l'énorme succès de *Rock Collection*, Laurent Voulzy enregistre *Bubble Star*.

Pour la face B, avec son parolier attitré, Alain Souchon, il propose *Le Cœur grenadine*.

Bob Socquet, leur directeur artistique, l'écoute, n'en croit pas ses oreilles et proteste contre le sacrifice d'une si belle chanson !

Petit problème, trois mille pochettes sont déjà imprimées. Alors, en toute hâte, *Paris-Strasbourg* vient remplacer *Le Cœur grenadine* en face B et une petite étiquette collée à la main vient dissimuler l'ancien titre au recto de la pochette.

Avis aux collectionneurs : si vous retrouvez un exemplaire d'un tel 45 tours, gardez-le précieusement, même Laurent Voulzy n'en a plus en sa possession !

Les Uns contre les autres

1978 • Fabienne Thibault

« Mais au bout du compte
On se rend compte,
Qu'on est toujours tout seul au monde,
Toujours tout seul au monde... »

L'histoire de cette chanson ressemble à celle de la patate chaude que l'on se presse de passer à son voisin par peur de se brûler les doigts.

Dire que les interprètes de la comédie musicale «Starmania» ne se sont pas battus pour chanter *Les Uns contre les autres* est un euphémisme !

À l'enregistrement de l'opéra-rock, les auteurs, Michel Berger et Luc Plamondon, pensent confier le titre à Diane Dufresne et Claude Dubois.

Mais l'immense artiste qu'est Diane trouve cette chanson beaucoup trop simple pour elle, qui adore incarner des personnages déchirés et tourmentés. Elle ne se reconnaît pas dans les paroles, à tel point qu'elle déclare : « Luc, ton slow, tu peux te le garder ! »

Diane ayant refusé, Claude Dubois le businessman renonce à son tour.

Nanette Workman ne correspond pas au rôle, Daniel Balavoine non plus. Les jours défilent sans que l'œuvre de Berger et Plamondon trouve preneur. Les séances se succèdent et toujours pas de mise en boîte.

Nous sommes dans les dernières journées de studio. Il est tard et le cas problématique revient sur le tapis.

Tous les artistes sont partis, sauf Fabienne Thibault qui, épuisée, s'est assoupie au pied de la console. Dans un demi-sommeil, elle entend l'embarras de Luc et de Michel, impuissants à trouver une solution.

Sympa, sortant des bras de Morphée, elle leur dit pour rendre service : « Si vous voulez, je veux bien vous la chanter... »

Fabienne Thibault a eu la bonne idée de s'assoupir en studio, ce soir-là. Elle en sera récompensée. *Les Uns contre les autres* sera son premier succès en France.

Ce sera aussi le premier extrait discographique de «Starmania», qui se rejoue régulièrement depuis plus de vingt-cinq ans.

Ma préférence

" *Oui je sais, sa façon d'être à moi parfois vous déplaît.*
Autour d'elle et moi le silence se fait,
Mais elle est, ma préférence à moi... "

Juillet 1977 à Biarritz est née l'une des plus belles chansons d'amour de Julien Clerc. Retour sur l'événement : Jean-Loup Dabadie reçoit chez lui Julien, sa femme Miou Miou et leurs deux enfants.

Un matin, vers sept heures, le parolier tout endormi trouve le chanteur tricotant une mélodie au piano.

Jean-Loup, charmé par l'aubade, obtient de Julien qu'il lui offre cette musique.

Jusqu'en décembre, il ne trouve aucun texte, pas un mot ne vient.

C'est à ce moment qu'il reçoit un courrier de Serge Reggiani lui reprochant de le délaisser un peu et de ne pas avoir composé suffisamment de titres sur son dernier album.

Chagriné, Dabadie lui répond qu'il n'en est rien et finit par la formule : « En matière d'amitié, tu es ma préférence à moi... »

En se relisant, il comprend qu'il tient enfin le titre du futur succès de Julien Clerc.

La Maison du bonheur

1979 • Francis Lalanne

" Rien qu'un toit pour nous deux,
Rien qu'une chambre avec vue sur tes yeux... "

Des circonstances vraiment inattendues peuvent provoquer l'émergence de jolies chansons.

C'est le cas pour *La Maison du bonheur*.

Francis Lalanne a dix-neuf ans. Il est étudiant en lettres, écrit déjà des chansons mais ne pense pas à les interpréter.

À la suite d'une mesure impopulaire prise par la ministre des Universités de l'époque, Alice Saunier-Saïté, les étudiants des facultés en grève descendent dans la rue fin 1978.

La manifestation s'envenime et Francis – c'est sa première – s'agite beaucoup dans la fumée des bombes lacrymogènes.

Il récolte un œil au beurre noir, un nez amoché et se fait embarquer dans ce que l'on appelait « le panier à salade » des policiers. Secoué, roulant vers le commissariat, il cherche à penser à autre chose.

Le visage de celle dont il vient de tomber amoureux lui apparaît et, inspiré par la sirène de police, il se cale sur elle pour la mélodie de sa future chanson.

De suaves paroles l'accompagneront et le disque sortira quelques mois plus tard.

La Maison du bonheur née dans un fourgon de police, il fallait y penser !

Je l'aime à mourir

1979 • Francis Cabrel

> " *Moi je n'étais rien*
> *Et voilà qu'aujourd'hui*
> *Je suis le gardien*
> *Du sommeil de ses nuits...* "

Dans une carrière de chanteur, l'étape du second disque est toujours difficile à franchir. D'autant plus si le premier essai, malgré des critiques encourageantes, n'a pas connu de grand succès public.

C'est le cas de Francis Cabrel, qui, cette année 1979, n'a plus droit à l'erreur. Ce deuxième album doit marcher.

Le travail est presque terminé lorsqu'un de ses amis musiciens vient lui rendre visite dans sa maison d'Astaford.

Une guitare sur les genoux, le copain montre à Francis une façon de jouer qu'il ne connaît pas. C'est la technique dite du « *picking* », popularisée en France par Marcel Dadi.

Rapidement, sachez que dans un *picking* le guitariste alterne basses et aigus, ce qui donne à l'oreille l'impression que deux personnes jouent ensemble.

Fort intéressé par cette leçon, Francis s'applique et, son ami parti, il s'entraîne une bonne partie de l'après-midi. Sans qu'il s'en aperçut, en fin de journée, *Je l'aime à mourir* est née.

Le nouvel album est pratiquement achevé mais comme cette ballade plaît à son directeur artistique, Jean-Jacques Souplet, Francis la met en boîte *in extremis* !

C'est cette chanson que les médias plébisciteront dès la sortie du disque.

L'un des premiers à craquer est Patrick Sébastien, qui embarque Cabrel avec lui en lever de rideau de son spectacle d'été.

Au fil des semaines, *Je l'aime à mourir* devient un succès considérable et la notoriété du chanteur est telle qu'il devient de plus en plus difficile à son camarade de lui succéder sur scène.

Je l'aime à mourir

1979 · Francis Cabrel

Lors de cette tournée, Patrick Sébastien écrira une parodie, *Je l'aime à courir*, et nous ne résistons pas au plaisir de vous citer ses premiers vers :

Elle est beaucoup plus grosse que l'horloge du quartier
Elle a l'intelligence des cocottes en papier
Je l'aime à courir…

C'est beaucoup plus drôle mais tellement moins sentimental et romantique que l'originale…

Banana Split

> *C'est le dessert que sert*
> *L'abominable homme des neiges*
> *À l'abominable enfant teenage,*
> *Un amour de dessert...*

Wanda Maria Ribeiro Furtado Tavares de Vasconcelos n'a que dix-sept ans lorsqu'elle connaît son premier grand succès avec *Banana Split*.

Son nom n'étant pas des plus commerciaux, on comprend aisément que la jeune artiste ait dû prendre un pseudonyme. Elle choisit Lio en référence à un personnage de la bande dessinée *Barbarella* de Jean-Claude Forrest.

Encore adolescente, Lio a déjà un caractère bien trempé lorsqu'elle décide de forcer la porte des maisons de disques.

Forcer, le terme n'est pas trop fort. Lors d'un premier contact chez EMI Belgique à Bruxelles, le directeur artistique qui devait la recevoir a tout simplement oublié le rendez-vous.

Qu'à cela ne tienne, la jeune fille s'assoit sur le bureau de la standardiste et déclare à qui veut l'entendre qu'elle ne quittera pas les lieux avant d'avoir été reçue par quelqu'un d'autre.

Avec une telle volonté et une telle personnalité, il n'y a rien d'étonnant à ce que Lio ait fédéré, dès son plus jeune âge, des gens de talent autour d'elle.

Ainsi, Jacques Duvall, un collègue de sa mère. Employé à la discothèque nationale de Belgique, parolier occasionnel, il décide d'écrire pour l'artiste en herbe.

Et compte tenu de sa précocité, point de texte à l'eau de rose pour jeunes filles en fleur.

Il préfère offrir à sa protégée une *Banana Split* au parfum des plus sulfureux !

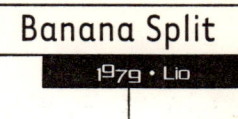

Mais la lolita n'est pas tombée de la dernière pluie. À elle, on ne peut pas faire le coup des « sucettes » que la pauvre France Gall a chantées sans se douter du sens réel de la prose « gainsbourienne ».

Lio a tout de suite compris que sa chanson parlait de fellation et c'est en toute connaissance de cause qu'elle a accepté de l'interpréter.

En revanche, ce que l'artiste apprendra beaucoup plus tard c'est que la firme Ariola ne croyait absolument pas aux chances de *Banana split*.

Pour profiter d'un important dégrèvement fiscal, il lui fallait produire des artistes belges avant la fin de l'année 1979 !

C'est donc, vous l'avez compris, pour des raisons hautement artistiques que Lio a été révélée au grand public…

Karin Redinger

"

Karin Redinger,
J'ai déjà quelqu'un dans mon cœur.
Cette petite plaisanterie m'a fait pleurer dans mon lit
Cessons là cette musicale comédie…

"

Cette charmante chanson est extraite du tout premier album de Laurent Voulzy.

Après le raz-de-marée du single *Rock Collection*, Laurent et son acolyte Alain Souchon se doivent d'offrir un 33 tours au public.

Voulzy va chercher l'inspiration dans ses souvenirs d'adolescent… et retrouve Karin Redinger, une jeune américaine qui apparemment ne l'avait pas laissé de marbre.

Quelque vingt-cinq années passent.

Fin 2003, l'artiste est l'invité vedette du « Fabuleux destin », présenté par Isabelle Giordano sur France 3.

Dans cette émission, la production ne ménage pas ses efforts pour surprendre les artistes qu'elle met à l'honneur.

Ainsi, devant un Laurent Voulzy complètement abasourdi, la vraie Karin Redinger, perdue de vue depuis plusieurs décennies, apparaît-elle sur le plateau.

Karine et Lucien (le vrai prénom de Laurent) ont certes quelques heures de vol en plus, mais l'émotion des retrouvailles est très télégénique…

Sacrée soirée, sacrée surprise !

80'

Je n'ai pas changé

1980 • Julio Iglesias

> «
> *Je n'ai pas changé*
> *Je suis toujours l'apprenti baladin*
> *Qui t'écrivait des poèmes*
> *Qui commençaient par Je t'aime...*
> »

Cette chanson a été l'une des plus parodiées par les imitateurs et humoristes en tout genre.

La version la plus haute en couleur reste celle de Jacques Villeret, demi-frère d'Adolf Hitler dans le film de Jean-Marie Poiré *Papy fait de la résistance*, où il interprète un bien improbable chanteur de charme !

Je n'ai pas changé mâtiné d'accent allemand est un essai certes intéressant, mais nettement moins sensuel que les mots susurrés par un Julio irrésistible.

Il est amusant de savoir que ce texte sentimental a été composé à l'aide d'un thermomètre près d'une armoire à pharmacie !

En effet, lorsque l'on confie à Claude Lemesle l'adaptation française de *No Vengo Ni Voy*, le talentueux parolier est plombé par l'offensive d'une grippe carabinée.

Comme chacun sait, la fièvre étant créatrice, du fond de son lit il trouve facilement son *Je n'ai pas changé* qui s'adapte parfaitement aux paroles espagnoles originales.

Encouragé par cet excellent début, l'auteur met un point d'honneur à soigner particulièrement les finitions de l'adaptation, sachant que Julio est un perfectionniste, un talentueux interprète avide de qualité.

Durant l'enregistrement, à chaque prise, il surligne au Stabilo les phrases dont il est satisfait et recommence jusqu'à ce que tout le texte soit coloré. C'est dire à quel point l'artiste est exigeant avec lui-même.

La plus belle interprétation reste celle que Julio Iglesias offre sur scène dialoguant avec son seul piano. Sa voix et les mots s'harmonisent impeccablement et dégagent une émotion palpable, ressentie non seulement par les femmes déjà conquises mais par tout auditeur attentif.

Enfin, il faut croire que le succès conserve. En plus de trente ans d'une carrière internationale menée tambour battant, le beau Julio, il n'a vraiment pas beaucoup changé... lui.

Si j'étais un homme

1980 • Diane Tell

«
Si les hommes n'étaient pas si pressés
De prendre maîtresse...
Ah! si j'étais un homme,
Je serais romantique... »

Fin des seventies. Diane Tell est une star dans son Québec natal. Grâce à trois albums, nos cousins lointains ont pu apprécier sa grâce et son talent.

Il est donc logique qu'en 1980 les autorités culturelles de la Belle Province lui demandent d'être l'ambassadrice de son pays pour le grand concours de la chanson francophone de Spa, en Belgique.

Cette manifestation est très courue et de jeunes auteurs-compositeurs tels Yves Duteil ou Alain Souchon ont pu y faire découvrir leur talent.

Diane doit donc trouver une chanson assez fédératrice pour susciter un maximum de suffrages. Du haut de ses dix-huit ans, elle décide d'écrire une chanson d'amour universelle ! Rien que ça !

Elle a l'idée de se mettre à la place d'un homme et d'imaginer, forte de cette mutation sexuelle mentale, tous les trésors d'attention qu'il pourrait déployer pour déclarer son amour à la femme de sa vie.

Au second degré de lecture, on peut y reconnaître les frustrations d'une femme mal aimée par son «mec» qui rêve et espère toutes ces démonstrations d'amour qu'il ne lui offrira jamais.

Le résultat est émouvant, mais il est amusant de noter que le portrait de l'amoureuse décrite est d'une convention machiste que n'aurait pas désavouée nos grands-parents.

Des valeurs jugées aujourd'hui désuètes comme la galanterie ou le don de soi chevaleresque y sont magnifiées.

Il faut croire pour le plaisir du plus grand nombre, puisque *Si j'étais un homme* rencontre près de vingt ans plus tard autant de succès.

Celui-ci ne fut pourtant pas immédiat. Éliminée dès le premier tour à Spa, Diane Tell propose la chanson à quelques maisons de disques

françaises. Refus unanime. C'est au Québec qu'elle réussit à la faire entendre.

À tel point d'ailleurs que de nombreux mouvements féministes québécois s'insurgent à coups de pétitions et de protestations contre cette œuvre réhabilitant le retour inadmissible de la femme-objet.

Ce que ces militantes ignoraient, c'est que Diane vivait à la même époque une liaison avec un garçon si démuni qu'elle devait subvenir à tous les besoins du couple et que cette chanson s'inspirait de leur situation !

Qui a dit que les êtres humains n'étaient pas pétris de contradictions ?

Le Coup de soleil

1980 • Richard Cocciante

"
J'ai attrapé un coup de soleil
Un coup d'amour, un coup d'je t'aime
J'sais pas comment, il faut que j'me rappelle... "

Nous avons déjà relevé dans ces anecdotes concernant la création des chansons l'importance des dîners, des rencontres fortuites, des voyages en avion, etc.

Il est temps d'insister sur les indiscrétions et les oreilles qui traînent derrière les portes.

Rentrant chez lui en flânant un peu, un jour de l'année 1979, Jean-Paul Dréau, parolier et musicien en pleine ascension, géniteur de *La Petite Fille du cinquième étage* et «première partie» de la tournée de Charles Aznavour, se sent phagocyté par un thème de chanson.

Le besoin de le transcrire immédiatement est tellement impérieux qu'il ne peut attendre de rejoindre son domicile.

Comme il se trouve non loin de la rue de Penthièvre où réside Chappell, son éditeur, il se précipite dans la salle dite «de piano», petite pièce fermée au fond du couloir, lieu d'essai des apprentis faiseurs de tubes.

Jean-Paul s'installe et met en forme son inspiration.

Un moment s'écoule et il entend frapper.

Gérard Davoust, le directeur, entre, accompagné d'un homme plutôt petit, brun, frisé. Il s'appelle Richard Cocciante, est célèbre en Italie et recherche des chansons à enregistrer en français.

Il affirme être très intéressé par ce qu'il vient d'entendre derrière la porte !

Il fallut donc trois heureux coups du hasard pour que *Le Coup de soleil* soit un vrai coup de chance : que Dréau n'ait pas eu la patience de rentrer chez lui, que Cocciante ait rôdé par là, et que l'insonorisation n'ait pas été parfaite...

Elle

" Elle moitié velours, moitié dentelle
Toujours cruelle et cependant
C'est une lady lady elle
C'est une femme tout simplement. "

En ce début des années 80, Didier Barbelivien a déjà une solide réputation d'auteur-compositeur à succès.

En revanche, sa carrière d'interprète se résume à quelques 45 tours vinyles passés complètement inaperçus.

Son ami producteur et auteur, Jean Albertini, s'étonne de cette situation et propose à Didier, pour son prochain essai discographique, de lui laisser – à lui son vieux complice – le choix de la chanson à enregistrer.

C'est ainsi qu'Albertini débarque un jour chez Barbelivien et lui demande de jouer toutes les chansons qu'il a en stock.

Plus clairement, toutes celles dont aucun interprète n'a voulu.

Didier s'exécute à la guitare et lui en fait entendre, cet après-midi-là, une bonne trentaine.

Parmi celles-là, une mélodie composée à l'origine pour Hervé Vilard et sur laquelle il avait fini par écrire un autre texte, sans rapport avec l'interprète de *Capri c'est fini*.

Dès la première écoute, Albertini est formel : «La chanson que tu dois enregistrer, c'est celle-là ! »

Barbelivien, perplexe, obtempère. Il ne le regrettera pas !

Elle, c'est son titre, devient l'un des plus gros tubes de l'été 1980.

Le succès est tel qu'Hervé Vilard, pas rancunier, invite son auteur fétiche à venir chaque soir l'interpréter sur la scène de l'Olympia, au cours du spectacle dont il est la vedette.

Cette petite anecdote démontre une fois encore que les cordonniers sont souvent les plus mal chaussés.

Barbelivien, au talent si sûr pour les autres, eut à son tour besoin d'une oreille extérieure pour cerner le type de répertoire qui lui convenait le mieux.

Sa collaboration avec Jean Albertini se poursuivra de nombreuses années, jusqu'au décès du producteur et ami en novembre 1999.

Confidences pour confidences

1981 · Jean Schultheis

*"
Tant pis pour vous
Aimez-moi
Mais confidences pour confidences
C'est moi que j'aime à travers vous...
"*

Souvenez-vous : été 1981...

Une rythmique disco, un texte d'une misogynie sauvage et un interprète au look plus proche de Raspoutine que du chanteur de charme : Jean Schultheis sévit sur toutes les ondes et les plateaux de télévision.

Pour un coup d'essai, c'est un coup de maître.

Ce musicien de studio et de scène, complice entre autres célébrités de Julien Clerc et Maxime Le Forestier, remporte la course aux tubes de l'été avec *Confidences pour confidences*...

Et, plus inattendu encore, il va entrer, grâce à cette chanson, au très prestigieux Collège de France, temple du savoir universitaire !

En effet, un matin, l'artiste reçoit l'appel d'un éminent professeur, lui demandant l'autorisation d'utiliser son texte en préambule d'une thèse consacrée à l'amour selon Sigmund Freud, l'inventeur de la psychanalyse.

À Schultheis, incrédule, l'honorable chercheur affirme : « Avec votre phrase "C'est moi que j'aime à travers vous", vous avez résumé en quelques mots toutes les pensées et les travaux de Freud sur les choses de l'amour... »

Rock-Amadour

1981 • Gérard Blanchard

> « *Mon amour est parti avec le loup*
> *Dans les grottes de Rock-Amadour…* »

Ce tube appartient à l'espèce de ceux qui vampirisent une carrière…

Gérard Blanchard, auteur de cet incroyable succès, est un artiste complet.

Peintre ayant fait les Beaux-Arts, il commença par collaborer avec différents groupes de chanteurs avant d'enregistrer, en 1981, un album étonnant, remettant l'accordéon à l'honneur et dans lequel se glisse ce qu'il qualifie lui-même d'imposture : *Rock-Amadour*.

La maison de disques ne mise d'ailleurs pas dessus et en fait la face B d'un vinyle 45 tours.

Mais c'était ignorer Gérard Klein et Stéphane Collaro, animateurs radio, qui eux ne s'y trompent pas et remettent le disque à l'endroit !

Le fulgurant succès commence et Gérard Blanchard se retrouve « piégé ».

Les médias bouderont l'artiste par la suite et, malgré une dizaine d'albums, seul ce *Rock-Amadour* lui vaudra la notoriété.

Lorsqu'on le questionne à ce sujet, Gérard rétorque : « J'ai gagné de l'argent, de la liberté et du temps, mais ce succès fut à double tranchant, je l'aime autant que je le déteste ! »

Petit détail amusant : avant d'être honoré par la ville de Rocamadour, il se fit vertement tancer par le curé, furieux, qui dans une missive rouspéta : « Notre ville n'avait pas besoin de cette chanson pour son prestige ! »

Le Coup de folie

" Quitte tes gants de boxe
Stevie Wonder dans le juke-box
Ton coup de folie, c'est pas fini
Folie, fini... "

Aussi surprenant que cela puisse paraître, c'est l'humoriste Roland Magdane, alors au zénith de sa popularité, qui a sur un coup de cœur produit ce *Coup de folie*.

Pianiste de Nicolas Peyrac, Thierry Pastor, en ce début des années 80, a des velléités de chanteur. Il a d'ailleurs réalisé dans son home studio quelques enregistrements de ses compositions.

Et comme il faut semer pour se faire entendre, il a confié entre autres une cassette de ses œuvres à un ami, sonorisateur de Roland Magdane.

À la fin d'une « balance » – moment précédant le spectacle où l'artiste répète une ultime fois avant d'aller se préparer dans sa loge – le fameux ami a la bonne idée de diffuser à fond dans les enceintes la chanson de son copain pianiste.

Le Coup de folie de Thierry Pastor résonne dans tout le théâtre.

Magdane, sensible aux bonnes chansons – il a fait partie de la Compagnie Michel Fugain –, décèle tout de suite le tube potentiel et décide de produire le disque.

Bien lui en a pris ! Le 45 tours de Thierry Pastor se transforme en disque d'or avec plus de cinq cent mille exemplaires vendus, et la chanson met le feu dans toutes les discothèques en cette année 1982.

Grâce au succès de ce *Coup de folie*, Thierry Pastor put réaliser l'un de ses rêves d'enfant : rencontrer son maître, Stevie Wonder, venu donner l'un de ses trop rares concerts au Zénith de Paris.

Femmes, je vous aime

1982 · Julien Clerc

> *Femmes, je vous aime,*
> *Femmes, je vous aime,*
> *Je n'en connais pas de faciles*
> *Je n'en connais que de fragiles...*

Cette année-là, comme chaque fois qu'il prépare un nouvel album, Julien Clerc « fait ses courses » dans l'imaginaire de ses auteurs.

Plus prosaïquement, il fait écouter ses nouvelles compositions à ses paroliers préférés et les laisse choisir à tour de rôle les mélodies sur lesquelles ils vont tenter d'écrire.

Ancienneté oblige, lorsqu'il n'était pas fâché avec Julien, Étienne Roda-Gil était généralement servi le premier.

Et puis, au fil du temps et des rencontres, le chanteur avait ouvert sa voix aux mots d'autres paroliers.

Ainsi l'incontournable Jean-Loup Dabadie faisait-il désormais partie de son univers artistique.

Ce jour-là, les deux hommes ont rendez-vous dans un petit studio de la porte de Bagnolet à Paris où justement Julien « maquette » l'ébauche de ses nouveaux titres.

Installé au piano, il joue à Jean-Loup quelques nouveaux refrains. Lorsque celui-ci paraît inspiré, l'artiste appuie sur la touche « record » d'un magnétophone posé là et enregistre le thème retenu.

Nous sommes à la fin du mois de juin et Dabadie doit partir tout l'été en Provence travailler avec le cinéaste Claude Sautet sur le scénario d'*Une histoire simple*.

Ces chansons à écrire pour Julien représentent donc un devoir de vacances supplémentaire...

Les deux acolytes sont sur le point de se quitter. L'auteur demande une dernière fois à l'artiste s'il lui a bien tout fait entendre.

« Oui, je crois, répond-il. J'ai encore deux ou trois trucs mais, franchement ça ne tourne pas ! »

Puis il commence à jouer, très bas, la mélodie de ce qui va devenir *Femmes, je vous aime*. Jean-Loup bondit : « Celle-là, je la veux ! »

Julien Clerc est dubitatif : «Ah bon ? Moi, je la trouve démodée...»

Mais enfin, comme «ça ne mange pas de pain» et devant l'insistance de son auteur, Julien ajoute la mélodie à la cassette de travail.

Et chacun peut partir en vacances.

Durant tout le mois de juillet, Dabadie passe et repasse cette satanée musique mais sèche lamentablement.

Jusqu'au jour où, se rendant à déjeuner à Cogolin chez Claude Sautet, il réécoute dans sa voiture la cassette pour la énième fois.

Et là, à la sortie d'un virage, il entend la voix de Julien lui chanter : «Femmes, je vous aime»...

La voilà enfin, l'idée recherchée depuis tant de nuits !

Jean-Loup entreprend l'écriture d'un texte magnifique évoquant tout à la fois le désir éperdu des femmes et la grande humilité que l'on éprouve face à elles.

L'œuvre achevée, il la chante au téléphone à Julien. L'accueil est pour le moins réservé. Le chanteur craint que le public ne se méprenne et y voie une chanson de Don Juan.

Dabadie argumente. Le chanteur ne refuse pas mais préfère pour le moment la garder «sous le coude».

À partir de cette date, une période assez longue se passe. Julien Clerc réfléchit beaucoup et, sur l'insistance de Bertrand de Labbey, son agent et ami, il se décide à enregistrer *Femmes, je vous aime*.

C'est l'une de ses plus belles chansons et certainement l'un des plus beaux hommages aux femmes qu'un artiste ait rendu.

Louise

1982 • Gérard Berliner

> " *Le bois que portait Louise*
> *C'est le Bon Dieu qui le portait*
> *Le froid dont souffrait Louise*
> *C'est le Bon Dieu qui le souffrait...*
> "

Louise est l'exemple même de l'anti-tube.

Chanson à contre-courant, sans tempo, longue de quatre minutes cinquante, au texte lourd et grave empreint d'un message sociologique sur l'épouvantable condition réservée aux filles contraintes à l'avortement, elle n'avait rien qui puisse faire soupçonner des ventes de plus d'un million de disques !

Flash-back : Gérard Berliner est figurant sur les plateaux de télévision et rêve de chanter.

Il travaille, également, aux puces le week-end et, un dimanche, vend un vieil objet à un auteur très connu, Franck Thomas, qui a écrit pour Joe Dassin, Stone et Charden, etc.

Gérard lui confie son désir de chanter et Franck lui donne un texte dont nul ne sait que faire : *Louise*.

La musique est composée en une nuit.

Avec la complicité de l'arrangeur Roland Romanelli, Berliner produit sa chanson avec des bouts de ficelle et frappe aux portes des maisons de disques qui répondent toutes : « Elle est magnifique, mais on ne peut pas la sortir ! »

Seul Claude Carrère, le producteur de Sheila et Ringo, prend le risque de la mettre en face B du disque *Le Tendre*.

Et là, un incroyable coup de chance bouscule le destin de *Louise*.

Sur les ondes de France Inter, Serge Reggiani participe à une émission où il doit choisir quelques titres de jeunes chanteurs parmi une énorme pile. Il ne fait pas très attention si ce sont les faces A ou B qu'il sélectionne et il choisit *Louise* !

Un passage à «Champs-Élysées», et cinquante mille disques se vendent par jour!

La même année, un jour qu'il croisait Jean-Jacques Goldman, ce dernier mit la main sur l'épaule de Gérard et déclara : «Si on ne fait pas les cons tous les deux, on va réussir, chacun dans notre style... »

Sans ressentiment, Gérard Berliner commente : «Je l'ai observé entamer et poursuivre sa grande carrière et moi, je suis resté sur le côté... »

Hello

> " *Hello, is it me you're looking for ?*
> *I can see it in your eyes*
> *I can see it in your smile…* "

Un ouvrage traitant de chansons d'amour ne pouvait en aucun cas faire l'économie de l'œuvre de Lionel Richie.

Avec ses slows terriblement efficaces et sa voix de velours, l'ex-chanteur-saxophoniste des Commodores a fait chavirer plus d'un cœur.

Il faut bien admettre que, depuis 1982 et son envol en solo, l'auteur-compositeur nous a gratifié d'un nombre impressionnant de tubes.

Hello est l'un de ses succès planétaires, enregistré en 1983 sur l'album « Can't Slow Down ».

Le récent passage de la star à Paris nous a permis d'en savoir plus sur la genèse de cette chanson.

Le plus inattendu est que Lionel affirme avoir puisé *Hello* dans les mauvais souvenirs de son adolescence.

Timide et renfermé, c'était une caricature de garçon solitaire qui regardait passer les filles, se contentant de leur dire poliment « bonjour » (« hello » !) sans pouvoir pénétrer plus avant dans la relation.

Lionel, qui s'est bien rattrapé depuis, a transformé cette frustration pubertaire en un standard international.

Heureusement que les jeunes filles en question, parfois cruelles à l'âge de l'adolescence, ne lui ont pas répondu « *go away* », ce qui signifie « va-t'en » ou « casse-toi ».

Cela nous aurait privés d'une bien jolie chanson…

Femme libérée

1984 · Cookie Dingler

*« Ne la laisse pas tomber
Elle est si fragile
Être une femme libérée tu sais c'est pas si facile... »*

Tous les orchestres ont des groupies. Celui de Christian Dingler à Strasbourg a pour principale fan Joëlle Kopf, professeur de français qui adore la chanson et les chanteurs.

Un jour, n'écoutant que sa plume, elle s'amuse à «coller» un texte sur une mélodie de Christian.

Le résultat s'appelle *Femme libérée* et commence à faire danser toute l'Alsace.

Vincent Lamy, présentateur de «L'Écho des bananes», sur FR3, ne s'y trompe pas et invite le groupe dans son émission.

Devant son écran de télévision, le producteur Charles Talar décèle immédiatement le succès potentiel.

Il suffit d'un passage dans le sacro-saint «Champs-Élysées», de Michel Drucker, en juin 1984 pour que Cookie (Christian) Dingler signe avec *Femme libérée* le tube de l'été.

Le *Nouvel Obs* et Claire Brétecher, gentiment stigmatisés par les paroles, récupèrent le phénomène et font quelques mois plus tard la une de l'hebdomadaire avec la pochette du disque...

Toute première fois

1984 · Jeanne Mas

" Ah, pourquoi ces mots
si forts, si chauds
Qu'ils gémissaient sur ta peau
Te font l'effet d'un couteau... "

Débarque d'Italie, en 1984, une chanteuse à l'allure pour le moins originale.

Toute de noir vêtue, cheveux en pointe, yeux surchargés de maquillage, cloutée, métallisée, Jeanne Mas arrive avec ses costumes et ses certitudes.

Sa *Toute première fois* est refusée partout, excepté par le producteur Jean-Jacques Souplet.

Elle fait sa première télévision chez Christophe Bourseiller et va très vite accéder au rang de modèle pour des quantités de jeunes filles.

« J'étais très impressionnée par la responsabilité que l'on a lorsque l'on s'adresse aux jeunes, dit-elle. D'un côté, il faut être prudent avec ce que l'on dit et de l'autre, cela vous ôte une part de liberté. À mes concerts, je voyais des petites caricatures de Jeanne Mas, j'étais devenue un déguisement ! »

Toute première fois, pour Jeanne, se réfère au premier amour.

Quelle ne fut pas sa stupeur le jour où Michel Fugain lui fit remarquer qu'il était courageux d'évoquer en chanson l'histoire d'un dépucelage !

« J'ai compris que chacun ressent les chansons avec son propre vécu, chacun a sa vérité ! »

On va s'aimer

1984 • Gilbert Montagné

"
On va jeter les clefs d'la maison
On va rêver à d'autres saisons
On va quitter ces murs de prison
On va s'aimer..."

Cette chanson allègrement optimiste, véritable tube de mariages et de bar-mitsva, a bénéficié pour son lancement d'une campagne de publicité tout à fait atypique.

Tout commença avec une mélodie sur laquelle Gilbert posa quelques paroles d'inspiration nostalgique.

« Souviens-toi/J'étais le pianiste de rock du lycée... » était le refrain de cette première mouture.

Il rencontra Didier Barbelivien, lequel lui écrivit un autre texte jugé meilleur.

Le producteur Freddy Nadjar, une fois la chanson enregistrée, proposa une campagne promotionnelle originale, sous forme de messages radio où des artistes français viendraient parler de cette nouvelle chanson.

« Folie ! » répondit Gilbert...

« On essaye... » insista Freddy.

Le premier contacté fut... Johnny ! Il accepta immédiatement.

Les autres suivirent, tous répondirent présents : ils avaient envie de dire du bien d'*On va s'aimer*.

« Je rends hommage aux artistes qui m'ont donné un coup de pouce extraordinaire, déclare Gilbert Montagné. Merci tout le monde ! On dit souvent que le show-business est un panier de crabes. Ben non ! Nous, le crabe, nous l'avons mangé après, mais sans le panier... »

Mélissa

1985 • Julien Clerc

> "
> *Mélissa, métisse d'Ibiza*
> *Vit toujours dévêtue*
> *Dites jamais que je vous ai dit ça*
> *Ou Mélissa me tue...*
> "

On ne dira jamais assez l'importance des restaurants dans la chanson française.

Un soir qu'ils dînent dans un établissement branché de la capitale, l'auteur David Mac Neil et Julien Clerc décident de travailler ensemble.

Ils se retrouvent quelque temps plus tard autour d'un piano et Julien joue une petite biguine qu'il vient de composer. Mac Neil est immédiatement charmé.

La cassette en poche, il regagne ses pénates et se repasse la musique en boucle. Décidément cette mélodie magique lui évoque, allez comprendre pourquoi, les images de ses dernières vacances à Ibiza.

Détail amusant, face à sa location, une ravissante créature avait l'habitude de bronzer nue sur sa terrasse.

En s'inspirant de ce souvenir, il imagine le comportement d'un fiancé peu scrupuleux qui invite les passants à « imiter Matisse » en prenant pour modèle sa bien-aimée entièrement dénudée.

David baptise son héroïne Mélissa et soumet le texte à un Julien atterré : « Mais peu de gens connaissent Matisse, et avec ta première phrase, « Imitez Matisse », la chanson ne sera pas accessible au grand public... »

Mac Neil, qui est le petit-fils du peintre Marc Chagall, s'insurge : « Tout le monde connaît Matisse, je vais te le prouver ! »

Et le voilà descendu dans la rue, sonder la première personne qu'il croise : « Connaissez-vous Matisse ? »

Et son interlocuteur de répondre : « Excusez-moi monsieur, mais je suis nouveau dans le quartier ! »

L'auteur s'incline. Adieu pinceaux et chevalets.

« Imitez Matisse » devient « matez ma métisse » et *Mélissa*, l'un des plus grands succès populaires de Julien Clerc à ce jour...

Les Nuits sans Kim Wilde

1985 · Laurent Voulzy

« Les nuits sans Kim Wilde
Je m'ennuie souvent
Des fois je m'balade
Ça dépend... »

Si les chansons « hommage » sont légion, beaucoup plus rares sont celles où un chanteur déclare sa flamme à une artiste de sexe opposé.

Sur son dernier album, Georges Moustaki s'y est risqué.

Sa chanson *Emma*, dédiée à l'actrice Emma Thompson, lui a enfin donné l'occasion de rencontrer celle qui était l'objet de ses fantasmes.

Il en fut de même pour Laurent Voulzy avec la chanteuse star des années 80, Kim Wilde.

Sauf qu'en l'occurrence, il s'agissait pour Laurent d'une véritable obsession.

À force d'enregistrer la belle Kim sur son magnétoscope, il finit par avouer sa fixation nocturne à son complice et ami Alain Souchon. Il lui fit découvrir celle qui occupait son esprit, en lui projetant les cassettes vidéo qu'il avait collectionnées.

Le diagnostic d'Alain fut des plus clairvoyants. Le seul moyen de « soigner » Laurent était d'enregistrer au plus vite une nouvelle chanson dont le titre serait *Les Nuits sans Kim Wilde*.

Immédiatement séduits par cette forme de thérapie, l'auteur et le compositeur se mirent à l'œuvre mais, le travail achevé, Voulzy restait insatisfait. Si seulement Kim acceptait de venir dire quelques mots à la fin de la chanson...

Un heureux hasard fit que la vedette anglaise était de passage à Paris une semaine plus tard.

Très intimidé, Laurent lui expliqua la raison de son émoi et lui laissa une cassette de la chanson.

Les Nuits sans Kim Wilde

1985 • Laurent Voulzy

Trois semaines passèrent avant que la réponse tombe enfin : comblée et honorée, miss Wilde acceptait de prêter sa voix à son *french fan*!

Voilà comment en studio, à Paris, elle susurra dans le micro la phrase : «Laurent, il est l'heure de dormir, enlève tes lunettes…» C'était d'un érotisme torride!

Mais l'aventure ne s'arrêta pas là. Kim accepta aussi de tourner dans le clip de la chanson et les deux artistes devinrent amis.

Puis, comme même dans les belles histoires il y a une fin, Kim repartit outre-Manche et Laurent resta à composer d'autres belles chansons pour d'autres jolies filles dans son studio de Nogent-sur-Marne, en banlieue parisienne…

Je t'aime à l'italienne

1985 • Frédéric François

"

Oh, oh, oh, oh, je t'aime à l'italienne
Oh, oh, oh, oh, je t'aime à l'italienne
J'ai le cœur qui bouge, je parle avec les mains
Et je vois tout rouge si tu parles à quelqu'un…

"

Voici l'un des plus gros tubes de Francesco Barracato, plus connu sous le pseudonyme de Frédéric François. Et en ce qui concerne les tubes, le beau Frédo est expert !

Depuis maintenant plus de trente-cinq ans, cet italo-Belge à la légendaire gentillesse enchante le cœur du public de ses latines mélodies.

Compositeur de la totalité de ses succès, le secret de sa longévité réside essentiellement dans sa sincérité. Il ressemble à ses chansons, il aime et respecte son public, qui le lui rend bien.

Chacun de ses albums est au moins certifié disque d'or, c'est-à-dire plus de cent mille exemplaires vendus, et nombre de ses singles ont atteint les sommets des hit-parades.

Je t'aime à l'italienne est de ceux-là.

Si Frédéric croyait très fort en sa mélodie, il eut du mal à trouver un texte à sa convenance.

Plusieurs paroliers ont essayé en vain de traquer sous leur plume « l'idée géniale ».

Le talent de Jean-Michel Beriat lui fit tout d'abord ne pas « paroler » la totalité du refrain, préférant des « oh, oh, oh, oh », leitmotiv très mémorisable.

Puis, en énumérant dans ses couplets toutes les caractéristiques de l'amoureux italien, emporté, jaloux, volubile, il a, tel un tailleur, confectionné un costume sur mesure à son interprète.

Près de vingt ans après sa création, *Je t'aime à l'italienne* est obligatoirement présente à chaque tour de chant de l'artiste.

Lors d'une récente émission de télévision sur France 2, « La Chanson nº 1 », elle s'est même vu plébiscitée comme la chanson des années 80 préférée des Français…

Ils s'aiment

1985 • Daniel Lavoie

" *Ils s'aiment comme avant*
Avant les menaces
Et les grands tourments… "

Nous sommes en 1982, la guerre du Liban fait rage.

À des milliers de kilomètres de là, dans son garage aménagé en studio, le Canadien Daniel Lavoie fait une pause-sandwich en regardant les *« news »* à la télévision.

Dans la fumée et les décombres de l'enfer libanais, il aperçoit à l'écran, en arrière-plan, deux adolescents qui continuent d'avancer main dans la main, au centre d'un quartier de Beyrouth dévastée.

Cette image décalée, surréaliste, un clin d'œil involontaire de la vie au milieu de la destruction, déclenche chez Lavoie une émotion qu'il traduit immédiatement en composant en un quart d'heure *Ils s'aiment*.

En anglais, le premier jet s'intitule *Ridiculous Love*, mais dans la langue de Shakespeare et des Beatles la chanson ne « sonne » pas. Le parolier Daniel Deshaime travaille à une version française.

Pendant plusieurs mois, elle va dormir dans le tiroir du bureau montréalais de Lavoie. Cette œuvre intimiste et grave lui semble être le contraire d'un tube. Pire encore, il n'ose pas la proposer à ses producteurs du moment !

Heureusement, une bonne fée, Monique Le Marcis, patronne des variétés à RTL, va se pencher sur le berceau d'*Ils s'aiment* la mal-aimée.

Quelques passages radio et télévision suffiront au Canadien et à son bandonéon pour entrer dans le cœur du public français…

Et tu danses avec lui

1985 • C. Jérôme

« Et tu danses avec lui, abandonnée, heureuse
Tu as toute la nuit pour en être amoureuse... »

Lorsque Didier Barbelivien proposa à C. Jérôme cette chanson, sa réaction fut on ne peut plus tranchée : «Elle n'est pas bien!» affirmat-il à un Didier dubitatif...

Elle resta six ans au placard, six années à attendre le bon moment.

Celui-ci arriva en 1985 : *Et tu danses avec lui* fut l'un des tubes de l'année et il signa la renaissance artistique de C. Jérôme, allant jusqu'à le classer n° 2 du Top 50, derrière *Je te donne,* de Jean-Jacques Goldman et Michael Jones.

Ce nouveau gros succès ne fit pas pour autant enfler d'un centimètre le tour de tête du chanteur. Il continua avec la même modestie à écumer les scènes de province, à raison de trois cents galas par an.

C. Jérôme n'était pas seulement un authentique artiste populaire.

C'était aussi un vrai gentil.

Elle préfère l'amour en mer

1985 · Philippe Lavil

"

Elle préfère l'amour en mer
C'est juste une question de tempo
Elle rêve d'un long voyage sur un paquebot...

"

Certes, *Elle préfère l'amour en mer*, mais Philippe Lavil, lui, aurait préféré ne pas enregistrer cette chanson.

Quand le réalisateur Michel Lang lui demande de l'interpréter pour son film *À nous les garçons*, il refuse catégoriquement.

Que diable irait-il faire dans cette galère ?

Pourtant la mélodie de Michel Héron – le compositeur des *Bambous* – parvient à le faire revenir sur sa décision.

Arrivée au port : plus de cinq cent mille 45 tours vendus et l'une des chansons les plus populaires de son répertoire !

Comme quoi, il n'y a vraiment que les imbéciles qui ne changent pas d'avis...

Une autre histoire

«
Et l'on démarre une autre histoire
Et l'on prend un nouveau départ...
»

Cet été 1987 est pour Gérard Blanc synonyme de renaissance.

Depuis l'explosion du groupe Martin Circus, le moins que l'on puisse dire est que l'ex-chanteur n'a pas beaucoup fait parler de lui.

Jusqu'à ce jour où Jean-Jacques Souplet, directeur artistique qui a définitivement oublié d'être sourd, tombe en arrêt sur les nouvelles compositions de l'artiste.

Une chanson attire plus particulièrement son attention : *Une autre histoire*.

Les paroles, signées Marc Strawzynski, sont de nature à redonner un tonus d'enfer au plus désespéré des dépressifs.

Elles racontent les aventures d'un homme ne croyant plus en rien qui retrouve, à force d'amour, un second souffle.

L'éternel fantasme que l'on a tous à un certain âge (un âge certain ?) de refaire notre vie en laissant loin derrière notre ancienne existence, comme si l'on pouvait s'en débarrasser aussi aisément que de vieux oripeaux !

Le plus étonnant, c'est que pour Gérard Blanc la fiction va vraiment rejoindre la réalité.

Lorsqu'il part en Afrique du Nord tourner le clip de sa chanson, il est encore marié.

À l'aéroport, il rencontre une ravissante comédienne, choisie par la production pour être sa partenaire. Elle s'appelle Annie Pujol et ne participe pas encore au célèbre jeu télévisé « La Roue de la fortune »...

Durant la semaine de tournage, se produit entre Annie et Gérard ce qu'il est convenu d'appeler un coup de foudre.

À leur retour, pas question pour les deux tourtereaux de se séparer, le moment est venu pour eux de démarrer « une autre histoire, en laissant faire le hasard », exactement comme dans la chanson...

C'est l'amour

1987 · Léopold Nord et vous

> *Qu'est-ce qui bouge le cul des Andalouses*
> *C'est l'amour*
> *Qu'est-ce qu'on trouve en cherchant sous ta blouse*
> *C'est l'amour...*

À l'origine, cette chanson s'intitulait *Don't Walk Away*.

Croyant très fort à ce titre, l'auteur-compositeur belge Alec Mansion avait pour l'enregistrer « mis les petits plats dans les grands » : studio londonien et musiciens de réputation internationale.

À l'arrivée, un refus poli mais catégorique des maisons de disques et toutes les chances pour la chanson de finir à la poubelle.

Alec eut alors l'idée de jeter le texte anglais, d'utiliser l'onéreux *play-back* musical de *Don't Walk Away* et de récrire un texte un peu loufoque.

S'inspirant de Charles Trenet et de son : « Une noix, qu'y a-t-il à l'intérieur d'une noix ? », Alec trouva à Bruxelles, en allant acheter des pizzas, les premiers vers de son futur succès : « Qu'est-ce qui bouge le cul des Andalouses, c'est l'amour ». Avouez que pour un début, c'était encourageant !

Comme chez les Mansion on est très famille, l'artiste appela à la rescousse ses frères, Hubert et Benoît, afin de terminer l'œuvre.

Ils accouchèrent ainsi, ensemble, de *C'est l'amour*, un délire textuel que n'auraient pas renié André Breton et les surréalistes !

Benoît et Alec, rebaptisés Léopold Nord et vous, enregistrèrent la chose. Certains de tenir là un genre d'ovni « tubesque », et accompagnés de leur sœur, Geneviève, ils se lancèrent à l'assaut des maisons de disques parisiennes.

Au bout d'une journée de démarches infructueuses, découragés, les frangins étaient sur le point de remonter dans le train pour Bruxelles lorsque Geneviève, la frangine tenace, leur fit remarquer qu'il restait un rendez-vous.

C'est l'amour

1987 • Léopold Nord et vous

Sans trop y croire, la famille se rendit donc chez BMG où les attendait un certain Christian Hergott.

Dès la première écoute, le directeur artistique, qui s'occupait entre autres de la carrière de Laurent Voulzy, sortit un stylo et un contrat de son tiroir.

Croyant à une blague, Alec Mansion lui fit remarquer qu'il s'agissait là d'une maquette et qu'il fallait maintenant leur laisser le temps de soigner l'enregistrement.

Hergott ne voulut rien entendre, persuadé que la chanson était, en l'état, un énorme « carton ». C'est donc cette version-là qui fut commercialisée.

L'avenir lui donna raison. Il suffit d'un passage dans l'émission de Jacques Martin sur Antenne 2 « Le monde est à vous » pour que *C'est l'amour* s'envole au sommet du Top 50.

Avec un million de 45 tours vendus en France, ce fut l'une des plus grosses ventes de l'année 1987 !

Good Bye Marylou

1988 • Michel Polnareff

" Quand l'écran s'allume, je tape sur mon clavier
Tous les mots sans voix qu'on s' dit avec les doigts...
"

Un de ces soirs où l'on refait le monde, un ami de Michel Polnareff lui affirma : «Avec la voix que tu as, tu pourrais chanter le Bottin, ça serait pareil ! »

Flatté par le compliment, Michel relate les propos quelques jours plus tard à son parolier, Jean-René Mariani, avec qui il travaille sur un nouvel album.

Au niveau des textes, Mariani rame sérieusement et dans ce cas toutes les idées, même les plus fantaisistes, sont bonnes à exploiter. Alors, pourquoi ne pas faire une chanson sur le Bottin ?

Le parolier pousse la réflexion plus avant et décide d'écrire un texte sur le nouvel annuaire informatique né dans les années 80, le Minitel.

Le parc Minitel va croissant. Cette drôle de petite machine est entrée dans beaucoup de foyers et les 3615 roses font la fortune des opérateurs.

De quoi inspirer Mariani qui signe un petit chef-d'œuvre de finesse : *Good Bye Marilou.*

« Je me tape Marylou sur le clavier » ou « Tous les mots sans voix qu'on s'dit avec les doigts »... Il faut reconnaître que nous sommes plus près d'*Histoire d'O* que d'un manuel traitant de la micro-informatique !

Les conditions dans lesquelles cette chanson fut enregistrée méritent aussi d'être rapportées.

Plus coupé de l'extérieur que jamais, Polnareff vivait à l'époque dans la suite d'un palace parisien et ne désirait pas pointer le nez dehors.

La maison de disques dut mettre à la disposition de l'artiste un studio d'enregistrement mobile, dans l'hôtel. Les prises de voix étaient toutes

effectuées au bar, même s'il fallait parfois attendre trois ou quatre heures du matin pour que les derniers clients aient quitté les lieux. Caprice de star ?

Peut-être, mais à coup sûr une superbe chanson qu'on ne se lasse pas de réécouter en attendant les prochaines...

Je te survivrai

1989 · Jean-Pierre François

" Je te survivrai d'un amour vivant
Je te survivrai dans des yeux d'enfants
Je te survivrai comme un revenant
Je te survivrai...
"

L'histoire sympathique de cette chanson est d'abord celle d'un joueur de football avant-centre de l'AS Saint-Étienne qui décide d'arrêter de jouer.

En vacances à Saint-Tropez en 1988, il rencontre un fan de foot, Didier Barbelivien, et comme ils s'entendent bien, ils décident de faire « un truc ensemble ».

Ce « truc » sera un 45 tours.

Trois semaines après, Didier téléphone à Jean-Pierre : « Drucker te veut dans son émission. Il a appris qu'un ancien « footeux » avait fait un disque, ça l'intéresse ! »

Ce sera le début de la vente d'un million de 45 tours et d'un an de tournée !

« J'ai mis cinq ans à analyser ce qui m'était arrivé cette année-là, précise Jean-Pierre. J'ai pris du bon temps. Je ne veux ni nouvelle version ni remixage. Je fais toujours des galas, je remplis les salles et je chante toujours la version originale.

« Mon souvenir le plus émouvant fut lorsque mon père, modeste ouvrier qui avait critiqué mon engagement dans le show-biz, est venu me voir à Pont-à-Mousson où je me produisais devant six mille personnes. Il est descendu de chez lui à vélo et a eu les larmes aux yeux, ce qui ne lui arrivait jamais ! Il était fier de moi. »

Cœur de loup

1989 · Philippe Lafontaine

« Je n'ai qu'une seule envie
Me laisser tenter
La victime est si belle
Et le crime est si gai... »

« Je n'ai jamais écrit une chanson à jeun ! »

Cette déclaration courageuse n'est pas de Bacchus, mais du talentueux chanteur belge Philippe Lafontaine.

Cœur de loup, son énorme tube de l'été 1989, n'a pas échappé à la règle et quelques bons crus ont aidé à sa création.

À cette période, qu'il juge plutôt glauque avec le recul, Philippe entend dire que les Bee Gees écrivent une chanson par jour.

Alors, pour être aussi performant que les interprètes de *Staying Alive*, il décide à son tour de forcer l'inspiration et prend un rendez-vous quotidien avec la page blanche.

Au troisième jour d'un rythme stakhanoviste, l'auteur-compositeur trouve les bases de son futur succès. Il en achève le texte avec son acolyte parolier Juan d'Outremont et l'enregistre en Belgique.

Malheureusement, ce 45 tours ne remporte pas plus qu'un succès d'estime.

Il démarche alors en France, mais aucune maison de disques n'y croit.

Après neuf mois d'attente – un délai jugé raisonnable par toutes les sages-femmes –, Lafontaine trouve enfin une ouverture commerciale dans notre beau pays.

Un seul passage sur TF1 et Patrick Sabatier, à son zénith, révèle l'auteur-compositeur-interprète à des millions de téléspectateurs.

Le grand public ignore que Lafontaine, quelques années auparavant, avait déjà été remarqué par un artiste français au goût très sûr : Michel Berger.

Celui-ci, sur son label de production Apache, avait un temps pensé à prendre en main la carrière du chanteur belge. Le projet avait avorté pour cause d'incompatibilité d'humeur entre les deux hommes.

Aujourd'hui, l'artiste wallon n'a rien perdu de son humour ni de son talent, et continue en Belgique à profiter de la vie tout en écrivant pour lui ou pour les autres de petites merveilles.

go'

- À toutes les filles
- Un homme heureux
- Sur un prélude de Bach
- Fruit de la passion
- Si tu veux m'essayer
- Partir un jour
- Toutes les femmes sont belles
- Sache que je…
- Je t'aime le lundi
- Belle
- Y a trop de gens qui t'aiment

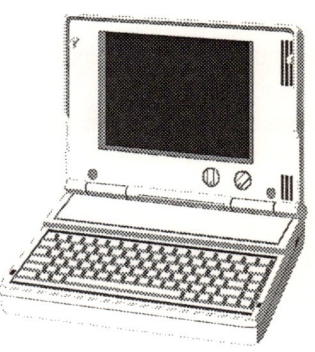

À toutes les filles

1990 • Félix Gray, Didier Barbelivien

> " *À toutes les filles que j'ai aimées avant*
> *Qui sont devenues femmes maintenant,*
> *De leurs éclats de rire*
> *À nos nuits de plaisir...* "

Félix Gray et Didier Barbelivien partent ensemble enregistrer chez le célèbre ingénieur du son Bernard Estardy, à Saint André les Alpes.

Esseulés dans la montagne, ils laissent couler le bordeaux. Après un dîner bien arrosé, ils font le constat suivant : «Toi, ça marche pas, moi ça marche pas, c'est nul, nous ne vendons plus, il ne nous reste plus qu'à chanter ensemble. »

«Ouais, mais on chante quoi ? »

Prenant pour référence *To All The Girls We Loved Before*, interprétée par Julio Iglesias et Willy Nelson, Barbelivien, sans se démonter, part sur l'idée d'À *toutes les filles que j'ai aimées avant*.

Le producteur Jean Albertini est sceptique et les radios jettent le CD. Ils sont jugés ringards, style campagnard et bals «popu»...

Ils décident de jouer le jeu à fond, costumes à la Sacha Distel, charme crooner, etc. ; ils n'y croient pas trop, s'amusent et ça marche !

Plusieurs semaines indécrochables du Top, une année de tournée folle.

«Cela nous paraissait totalement surréaliste ! »

La consécration sera atteinte avec la brillante parodie *Un chagrin d'amour*, des Inconnus, au zénith de leur notoriété.

Alors, à qui revient le mérite ? Au bordeaux, au chapeau de Didier, au duo Iglesias-Nelson ou aux filles qu'ils ont aimées avant ?

Un homme heureux

1991 · William Sheller

" *Quel que soit le temps que ça prenne*
Quel que soit l'enjeu
Je veux être un homme heureux… "

William Sheller est un artiste au talent inclassable.

Du *Rock'n Roll Dollar* de ses débuts à *Excalibur* en passant par *Le Nouveau Monde*, l'auteur-compositeur semble mettre un point d'honneur à brouiller les cartes et surtout à toujours se trouver… là où on ne l'attend pas.

1991 : les radios musicales explosent sous les décibels de Mylène Farmer et autres UB 40. Rien de plus normal alors que Sheller se lance dans la réalisation d'un album piano-voix.

Et parmi toutes les perles de ce « Sheller en solitaire », un inédit intitulé *Un homme heureux*.

Une de ces chansons-caresses qui vous ouvrent immédiatement de nouveaux coins de ciel.

L'idée en est venue à Sheller entre Deauville et Paris. Après un copieux plateau d'huîtres dégusté avec une amie, une mélodie lui trotte dans la tête sur l'autoroute de Normandie.

Cherchant une idée de texte, la phrase *Je veux être un homme heureux* a immédiatement coulé de source, mais à cet instant précis l'artiste ne sait pas encore de quoi il va parler.

De retour à Paris, devant son clavier et la célèbre page blanche, les mots viennent se marier aux notes. Selon son auteur, loin d'être une chanson triste, le texte signifie * : « On se rencontre mais, cette fois-ci, essayons de faire durer notre histoire… »

Une espèce de pari sur l'avenir où, comme dans toutes les grandes chansons, chacun de nous peut se retrouver.

Le public et les médias ne s'y sont pas trompés. L'artiste et sa chanson ont été couronnés deux fois aux Victoires de la musique de 1992.

De quoi contribuer à faire de Sheller un homme heureux…

* Magazine *Platine* n° 57, janvier 1999.

Sur un prélude de Bach

1991 • Maurane

> « *Lorsque j'entends ce prélude de Bach*
> *Par Glen Gould, ma raison s'envole*
> *Vers le port du Havre et les baraques*
> *Et les cargos lourds que l'on rafistole...* »

Au début, ça c'est très mal passé...

Lorsque Jean-Claude Vannier, auteur-compositeur émérite, vient présenter à Maurane son *Prélude de Bach*, celle-ci est tout simplement consternée.

« Malgré tout le respect que j'ai pour vous, lui dit-elle, je ne pourrai jamais chanter ça ! »

« Ça », ce sont des mots comme casserole, pot de colle, tête à claques, grue et remorqueur, peu souvent usités, il faut bien le reconnaître, dans les chansons d'amour.

Néanmoins, elle conserve une cassette de l'œuvre, l'écoute à nouveau et décide malgré ses doutes de la tester un soir sur la scène du théâtre de Sambreville, en Belgique.

Là, quelque chose de physique, de magique se passe entre la chanteuse et la chanson.

Ce vocabulaire qui l'avait tant rebutée s'avère à jamais familier et ce *Prélude de Bach* devient l'un des plus beaux joyaux de son répertoire.

Dès leur première rencontre, Vannier le lui avait bien dit : « Vous verrez, un jour ces mots seront les vôtres. »

Fruit de la passion

1994 • Francky Vincent

« Y a pas que la fesse dans la vie
Y a le sexe aussi,
Vas-y Francky, c'est bon
Vas-y Francky, c'est bon, bon, bon… »

Francky Vincent est un poète. Ceux qui en doutent encore vont en être définitivement assurés grâce à la lecture du récit qui suit.

Cette nuit-là, Francky, ancien agent auxiliaire aux écritures de la Sécurité sociale à Pointe-à-Pitre, vient de ramener chez lui l'une de ses nouvelles conquêtes.

Le temps d'éteindre la lumière et le Rocco Siffredi guadeloupéen peut donner toute la mesure de son talent.

Sa partenaire est toute entière à son plaisir. En route pour le septième ciel, elle le supplie entre deux râles de quelques torrides : « Vas-y Francky, vas-y !… »

Dans son extase, l'innocente ne sait pas qu'elle vient, avec ces mots, de changer le cours de l'histoire de la musique et de la vie de Francky Vincent.

N'écoutant alors que son inspiration, ce dernier rallume immédiatement et empoigne sa guitare.

Sa « fiancée » se demande quelle mouche l'a soudain piqué, mais le Cicciolino du Rezet n'en a que faire.

Mieux, en grattant son instrument – sa guitare –, il se met à chanter : « Vas-y Francky, c'est bon, vas-y Francky, c'est bon, bon, bon… »

Profitant pleinement de l'instant et des cris orgasmiques de sa bien-aimée d'une nuit, Francky Vincent vient de composer *Fruit de la passion*, la chanson qui va le révéler enfin en Métropole.

Comme le résume parfaitement l'artiste : « C'est l'histoire toute simple d'une fornication… » qui lui vaut de vendre la bagatelle de quatre cent mille exemplaires de son chef-d'œuvre.

Mais notre homme n'en restera pas là. Avec d'autres bijoux comme *Alice, ça glisse* ou *Tu pues du cul*, il nous prouvera aussi qu'il sait se renouveler.

Décidément, comme nous le disions au commencement, Francky est un poète !

Si tu veux m'essayer

1994 • Florent Pagny

> « Si tu veux m'essayer
> Sans jurer toujours
> Juste pour y goûter
> Sans parler d'amour... »

Les chansons peuvent être, à l'image des familles, recomposées. C'est le cas de *Si tu veux m'essayer*.

Une décennie d'intervalle, deux interprètes, deux signatures, deux pseudonymes, un échec, une réussite...

Retour à la case départ, en 1983...

Personne n'ignore aujourd'hui que Jean-Jacques Goldman a quelquefois signé ses œuvres de pseudonymes divers et variés : First Prayer, Sweet Memories, O. Menor, Sam Brewski...

Au début de sa carrière, peu après avoir composé une chanson qu'il intitule *Si tu veux m'essayer*, il croise au cours d'une émission sur RTL une débutante à la belle voix éraillée : Émilie Bonnet.

Convaincu que sa chanson convient parfaitement au style de la jeune fille, il la lui propose et cette dernière accepte. Jusque-là on la comprend !

Jean-Jacques commence la réalisation en studio mais, au moment de chanter, la «manageuse» d'Émilie intervient et annonce qu'après réflexion les deux femmes trouvent le texte un peu osé et désirent procéder à des changements.

L'auteur défend son point de vue, il aime l'idée suggérée par le titre. Il argumente, certain qu'elles commettent une erreur, mais devant leur détermination et leur insistance, conciliant, il s'exécute.

Le texte devient banal et s'intitule *J'essaierai d'oublier*. Paroles et musique de Sweet Memories.

J'essaierai d'oublier
Les mois, les semaines
J'essaierai d'oublier
Au fond de mes veines...

Le disque sort, passe un peu sur les ondes, et tout le monde s'accorde aussitôt à l'oublier ! Goldman, déçu, regrette son titre et le met de côté.

Onze ans passent !

C'est le moment pour Florent Pagny de lui demander des chansons. Jean-Jacques en soumet quelques-unes, dont la version originale de *Si tu veux m'essayer.*

Il lui raconte l'histoire, et texte et titre plaisent au futur habitant de Patagonie.

L'enregistrement est réalisé et le tout, signé Sam Brewski.

Le succès est au rendez-vous et remet Pagny en orbite.

Gageons qu'une chanteuse à la voix rauque doit regretter aujourd'hui de ne pas avoir accepté la proposition de Jean-Jacques Goldman : *Si tu veux m'essayer...*

Partir un jour

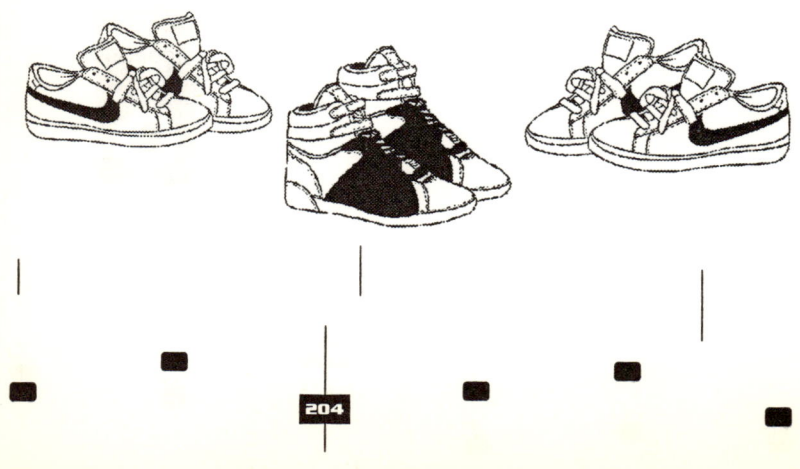

1996 · 2 be 3

"
Partir un jour, sans retour,
Effacer notre amour
Sans se retourner
Ne pas regretter…
"

Petite info sympathique au cas bien improbable où elle ne serait pas connue de nos lecteurs…

Le premier *boy's band* est né en 1989.

Question : en quoi un *boy's band* se différencie-t-il d'un groupe ?

Réponse : un *boy's band* est recruté et rassemblé par *casting*. L'atout physique est majeur.

Un travail de marketing et de communication est entrepris pour le lancement du « produit ».

A contrario des rappeurs, jugés violents et revendicatifs, les beaux gosses des *boy's bands* défendent des valeurs positives plus traditionnelles pour un public très jeune.

Ils sont proprets, musclés, plutôt gentils, en quête du grand « amour toujours », et ne cherchent pas à refaire le monde.

Lancés comme des marques de lessive ? Peut-être, sauf que les chimpanzés de la pub Omo, on continue à les voir, eux.

Mis à part le sympathique Filip des 2 be 3, reconverti en comédien, on ne peut pas dire que les ex-*boy's bands* crèvent l'écran…

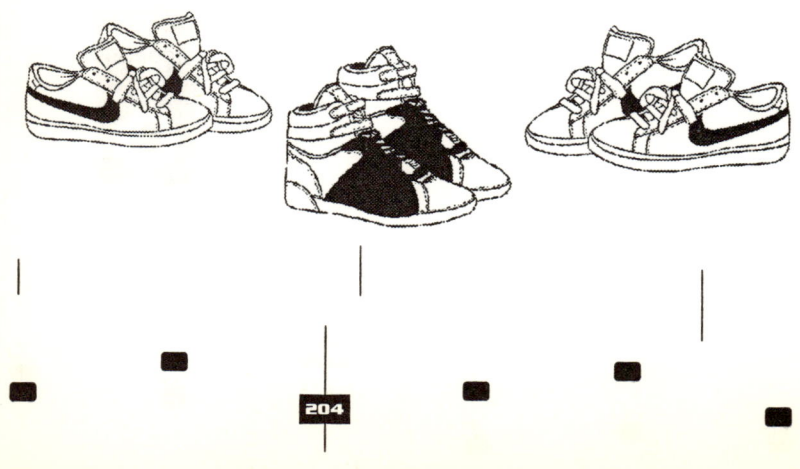

Toutes les femmes sont belles

1996 · Franck Mickaël

"

Toutes, toutes, toutes les femmes sont belles
Toutes, toutes au cœur ont une rose...

"

Franco Gabelli, crooner italo-belge, est un phénomène de la variété française. Jugez plutôt.

Inconnu des médias et du show-business, Franck Mickaël – à ne pas confondre avec Mickaël Franks! – a durant un quart de siècle de carrière vendu quelques millions d'albums, fait deux Olympia, le Casino de Paris, obtenu des disques d'or dont un double, le tout sans le moindre support radio ou télévision important.

La France découvre depuis peu celui à qui Johnny Hallyday proposa dans les années 70 de quitter la Belgique afin de l'aider.

Franck refusa et s'occupa tout seul de sa discrète promotion. Bouche-à-oreille, clubs du troisième âge, concerts, bals, fêtes, patience et romances «Harlequin» contribuèrent à son succès et à la fidélité d'un public majoritairement féminin et provincial.

Toutes les femmes sont belles demeure l'une de ses chansons emblématiques, preuve que Frankie sait flatter la gent féminine.

Qui n'a pas vu, certains soirs devant l'Olympia, des fils et des filles attendrent patiemment, dans leur voiture en double file, que leurs mamans sortent du concert donné par leur «idole» ne peut vraiment comprendre «l'effet» Franck Mickaël...

Sache que je...

> *" Un malhonnête stratagème*
> *Ces trois mots-là n'affirment pas*
> *Il y a une question dans je t'aime*
> *Qui demande et m'aimes-tu toi ?* **"**

Jean-Jacques Goldman, dont on connaît la réserve naturelle et appliquée, a beaucoup été questionné à propos de la faible proportion de chansons d'amour de son œuvre et de l'absence de l'expression : «Je t'aime».

Il s'est malgré tout expliqué à plusieurs reprises, résumées ici :

– «Ce n'est pas facile de dire "Je t'aime". Le sentiment est presque trop sacré pour ces trois mots. C'est lié aux conséquences que l'on y met, à tout ce que l'on en attend. Il y a une notion de temps, dans "Je t'aime", de "toujours". C'est un peu effrayant.» (*Télé Magazine*, octobre 1997)

– «Je trouve que ces mots ont tellement été dévoyés. Mickaël Jackson qui répète vingt fois "I love you" par concert ou Carl Lewis, à la fin d'une interview ! Pas un concert, pas une émission de télé sans un : "On vous aime !" C'est comme s'ils avaient accaparé ces mots et les avaient vidés de leur sens. Et puis j'ai un peu de mal à écrire des déclarations du type : *You Are The Sunshine Of My Life* !» (*Le Soir illustré*, septembre 1997)

– «Mais en fait, *Sache que je* est aussi une déclaration d'amour. Simplement, l'amoureux explique pourquoi il ne dira pas la phrase conventionnelle : "Je t'aime." C'est une chanson sur la forme mais pas sur le fond. Elle dit qu'"il y a mourir", qu'"il y a du temps qui traîne" dans l'expression "Je t'aime", pas dans le fait d'aimer ! Ce n'est en aucun cas douter de l'amour lui-même !» (*Le Figaro*, septembre 1997)

– «Et peut-être que toutes les chansons parlent d'amour finalement, même quand il n'y est pas dit "Je t'aime."» (livre de partitions de «En passant», juin 1998)

Un mot de plus serait un mot de trop...

Je t'aime le lundi

1997 • Edouardo

"Je t'aime le lundi
Je t'aime le mardi
Je t'aime le mercredi
Et les autres jours aussi..."

Lorsqu'en janvier 1995 l'Italien de Paris Edouardo attend sa Russe Katia devant l'église pour le mariage, il ne sait pas encore qu'elle est partie sans laisser d'adresse !

Il va chercher à la reconquérir. Un bouquet de fleurs à la main, il passe une annonce à la télévision et chante *Je t'aime le lundi*.

Fin 1996, ils se retrouvent, et se marient en avril 1997.

Heureux en amour, Edouardo l'est moins en affaires.

Après le succès inattendu de son premier disque, le second est passé totalement inaperçu. Il accuse son producteur d'indélicatesse et ce qui n'était qu'une bonne blague vire à la mauvaise plaisanterie.

Même le dixième degré a ses limites et « le con avec le bouquet de fleurs » a du mal à repartir.

Qu'il essaie *Je ne t'aime pas le lundi* à la Zazie ou *J'aime pas l'amour le lundi* façon Olivia Ruiz, c'est dans l'air du temps...

Belle

1998 • Garou, D. Lavoie, P. Fiori

> " *Belle, c'est un mot qu'on dirait inventé pour elle.*
> *Quand elle danse et qu'elle met son corps à jour tel*
> *Un oiseau qui étend ses ailes pour s'envoler*
> *Alors je sens l'enfer s'ouvrir sous mes pieds...* "

L'inspiration suscitée par les génies est sans limite, c'est ce qui rend leur fréquentation avantageuse.

L'adaptation d'Alain Boublil et Claude-Michel Schönberg des *Misérables* ne fut pas un pâle succès mais un triomphe durable depuis la fin des années 1980, à Brooklyn comme à Londres !

Qui aurait oser parier que l'immense Victor Hugo rameuterait en 1998 les foules dans la France entière et qu'il « allumerait le feu » au Palais des Congrès ?...

Luc Plamondon a su qu'il visait juste, que le vieux fonds littéraire français pouvait servir. Mais le succès de « Notre-Dame de Paris » va dépasser toutes ses espérances...

Quelque temps auparavant, dans sa maison du Québec, décidé à s'immerger dans le monumental ouvrage, il relit et annote les passages méritant selon lui une chanson.

Regardait-il le lac lorsqu'il comprit qu'il lui faudrait simplifier les personnages, réduire les intrigues aux sentiments les plus universels ?

La neige tombait-elle lorsqu'il décida que Quasimodo serait très laid et très bon, Frollo, le prêtre, très méchant et sournois ?

Quant au séduisant mais peu malin Phœbus, comment peut-il hésiter et ne pas choisir Esméralda qui l'aime ?

Cette dernière est un véritable instrument de la représentation symbolique de l'amour des uns et des autres. Passionnément désirée, l'amie des sans-papiers ne pourra être que broyée par ces amours masculines charnelles, interdites ou inaccessibles...

En attendant, il faut un compositeur pour mettre en musique les mots canadiens.

Plamondon, un jour que Richard Cocciante lui faisait écouter de grandes mélodies lyriques inutilisables, eut le désir d'élaborer avec lui un spectacle musical. L'Italien composera donc les musiques.

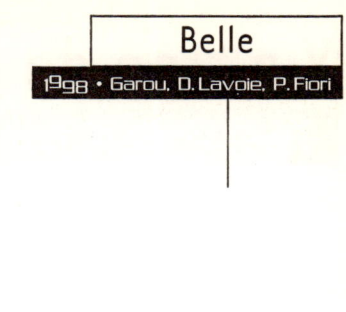

Belle

1998 • Garou, D. Lavoie, P. Fiori

La Méditerranée flirtera avec le nord de l'Amérique, les mariages mixtes produisant le plus souvent de beaux petits.

Les deux hommes se connaissent et ont déjà travaillé ensemble dans les années 80 : *Question de feeling*, que Cocciante interprète en duo avec Fabienne Thibault, ou *L'amour existe encore*, écrite pour Céline Dion.

Ils s'attaquèrent donc au monument et la première chanson, véritable casse-tête, fut *Belle*. Le parolier repassait en boucle une cassette de Cocciante, chantant et répétant inexorablement « *Time* », qu'il se résolut à remplacer par « Belle », au souvenir d'Anthony Quinn/Quasimodo agonisant dans le film de Jean Delannoy en 1957 et soupirant un ultime « Belle » à faire pleurer les pierres !

Ce fut l'origine de la chanson...

Pour la plus grande joie de son producteur, Charles Talar, « Notre-Dame de Paris » et *Belle* devinrent de véritables phénomènes de société. En quelques semaines, Garou, chanteur de blues dans les bars du Québec, Patrick Fiori, Daniel Lavoie et Hélène Ségara accèdent au rang de stars ! Le tour de Tina Arena et Natascha Saint-Pier viendra.

Les voix puissantes, plaintives, émouvantes des trois amoureux de la belle déclenchent des cascades d'émotion grave et de larmes sincères.

Des centaines de milliers d'entrées, plus de sept millions de disques vendus, une version anglaise jouée à Londres et à Las Vegas, une adaptation russe... c'est une déferlante ! *Belle* est couronnée d'une Victoire de la meilleure chanson en 1999.

Françoise Giroud nous a convaincus que l'on ne doit pas « tirer sur une ambulance », mais il n'en est pas de même d'un char d'assaut.

Les auteurs d'un tel succès ont offert à Laurent Gerra l'opportunité d'interpréter une parodie libératrice : *Bêêêle*.

Nous le disions au début, l'inspiration suscitée par le génie hugolien est sans limites...

Y a trop de gens qui t'aiment

1999 • Hélène Ségara

> « Y a trop de gens qui t'aiment
> Et tu ne me vois pas.
> Je ne sortirai pas indemne
> De cet amour avec toi... »

Christian Vié sait observer les artistes pour lesquels il écrit. Il rencontre en 1996 Hélène Ségara, encore inconnue.

La jeune femme vit alors dans l'ombre d'un petit ami qui attire tous les regards. Elle est visiblement mal dans sa peau, peu épanouie.

Deux ou trois années passent, les rapports s'inversent.

Couronnée par un récent succès, Hélène est exposée à la lumière et c'est au tour du jeune homme de vivre en retrait.

Ce renversement de situation inspire à Christian Vié l'idée de *Y a trop de gens qui t'aiment*, et contre toutes les prévisions marketing – pas de rythmique, à contre-courant – cette chanson devient un immense succès !

Pour la chanteuse, depuis *recordwoman* des ventes de CD (un million cinq cent mille exemplaires et un disque de diamant), cette œuvre a quelque chose de magique, et elle ne manque jamais de finir un spectacle avec elle.

De plus, après avoir retrouvé sa voix, quelque temps perdue, cette chanson fut la première qu'elle enregistra en studio.

2000'

- Parle-moi
- J'en rêve encore
- Tant qu'il y aura des femmes
- Sous le vent
- Adam et Yves
- Tout l'or des hommes
- J'aime un homme

Parle-moi

2000 · Isabelle Boulay

> « Je ne sais plus comment te dire
> Je ne trouve plus les mots
> Ces mots qui te faisaient rire
> Et ceux que tu trouvais beaux... »

Cette chanson a eu, entre autres mérites, celui de faire gagner à Isabelle Boulay ses galons de vedette.

Déjà remarquée pour un précédent album, « États d'amour », l'artiste québécoise trouve là, plus qu'un succès potentiel, le titre fort qui lui permet de s'installer durablement dans le cœur du public.

À l'écoute de *Parle-moi*, on se dit que ce texte est forcément l'œuvre d'une femme... et l'on a tout faux !

C'est J. Kapler, alias Robert Goldman, le frère de Jean-Jacques, qui a composé et écrit cette chanson.

Ses mots empreints de sensibilité féminine traduisent fort justement le désarroi d'un naufrage amoureux : « Je ne sais plus comment t'aimer, ni comment te garder, parle-moi... »

Cet appel au secours, superbement interprété par Isabelle Boulay, va rencontrer un écho dans le quotidien de nombreuses femmes en manque de communication.

Ici, le péril majeur du couple n'est ni l'infidélité, ni même la redoutable habitude, mais le manque de circulation de la parole. C'est l'une des premières chansons d'amour à exprimer aussi clairement ce problème.

Comme l'avait justement pressenti Joselito, son manager de l'époque, *Parle-moi* demeure cinq années après sa création l'un des sommets d'intensité de tous les concerts d'Isabelle Boulay.

J'en rêve encore

2000 · Gérald de Palmas

« Oh ! j'en rêve encore
Son corps à lui dans ton corps,
Oh ! j'en crève encore
Encore, encore, encore. »

Après un premier succès, le second album de Gérald de Palmas fait un flop.

L'auteur perd confiance, compose des musiques mais bloque sur les textes. C'est l'impasse.

Lui vient l'idée de demander de l'aide et il ne va pas chercher n'importe qui ! Il sollicite Jean-Jacques Goldman lui-même.

Et là, l'enthousiasme intact du plus couronné (de succès) de nos chanteurs-auteurs-compositeurs français l'étonne d'abord et le regonfle ensuite.

« Il était excité comme pour une première chanson. Il a travaillé avec simplicité, humilité. Il m'a apporté de la sérénité, une façon de relativiser. J'appréhendais de ne pas aimer son approche, je me trompais, j'étais réparé... »

Conséquences de cette rencontre rédemptrice : *J'en rêve encore* restera cinquante-cinq semaines au Top Albums. Gérald vendra près d'un million d'exemplaires de « Marcher sur le sable » !

S'il cauchemarde en s'imaginant celle qu'il aime encore dans les bras d'un autre et en crève, il ne doit pas en être de même lorsqu'il rêve de Jean-Jacques Goldman...

Tant qu'il y aura des femmes

2001 • Dany Brillant

" Tant qu'il y aura des femmes
Le monde aura une âme...
Et l'on aura des ailes "

2001 • Frédéric François

" Tant qu'il y aura des femmes
Pour atteindre le ciel
Et rallumer la flamme... "

Si *Tant qu'il y aura des hommes* a permis à Frank Sinatra de triompher sur grand écran, *Tant qu'il y aura des femmes* a permis à deux artistes de remporter un franc succès avec le même titre de chanson...
Explications.

Frédéric François, cet automne 2001, vient de terminer le mixage de son nouvel album.

Parmi les chansons fraîchement enregistrées, l'une d'elles, *Tant qu'il y aura des femmes*, doit assurer la promotion du nouveau disque et, mieux encore, être le titre de ce CD. Les pochettes sont d'ailleurs déjà à l'impression.

Alors vous pouvez aisément imaginer dans quel état vont se retrouver l'interprète et l'auteur de cette chanson lorsque, dix jours avant la sortie tant attendue du disque, ils écoutent un samedi soir chez Patrick Sébastien Dany Brillant chanter *Tant qu'il y aura des femmes*!

La musique et le texte sont différents mais le titre est rigoureusement le même!

Il ne reste plus à Frédéric François qu'à réimprimer en toute hâte la pochette de son disque et à le rebaptiser «Un slow pour s'aimer», titre d'une autre chanson de l'album.

Happy end pour les deux protagonistes de cette drôle d'histoire.

Le *Tant qu'il y aura des femmes* de Dany Brillant a fait un tube et Frédéric François a vendu deux cent mille exemplaires d'*Un slow pour s'aimer*, différant la sortie de sa chanson *Tant qu'il y aura des femmes*, qu'il utilisera un an plus tard pour accompagner la promotion de son spectacle à l'Olympia.

Sous le vent

2002 · Céline Dion, Garou

«

Sous le vent
Et si tu crois que c'est fini
Jamais
C'est juste une pause, un répit… »

Cette chanson, Jacques Veneruso l'a gardée quelque dix années dans sa guitare avant de trouver des interprètes désireux de l'enregistrer, mais au final cette attente n'aura pas été vaine.

Céline Dion et Garou en duo chantant une de vos œuvres, il y a pire dans la vie d'un auteur-compositeur !

Mais avant d'arriver à ce très beau résultat, le chemin a été long.

Lorsque Veneruso écrit *Sous le vent* entre Paris et Marseille, l'ex-membre du groupe Canada sent instinctivement que cette chanson a quelque chose de particulier.

Elle fait partie de ses compositions fétiches et il ne la propose que rarement à ceux qui le sollicitent.

L'un des premiers à écouter ce titre fut Florent Pagny alors qu'il préparait son album « Savoir aimer ».

Ce dernier avait déjà trop de chansons en stock et, malgré sa qualité, il ne la retint pas.

Le second à l'avoir appréciée sans finalement l'adopter fut Roch Voisine.

La rencontre de Jacques Veneruso avec la directrice des disques Columbia, Valérie Michelin, va s'avérer décisive. À l'écoute de *Sous le vent*, elle tombe aussitôt sous le charme.

Quelques jours plus tard, René Angelil, le mari de Céline Dion, téléphone à la responsable du label pour l'informer qu'il produit le prochain album de Garou. Il en profite pour lui demander de lui faire parvenir des chansons à fort potentiel.

Valérie envoie au mari-René-de-Céline ce titre auquel elle croit avec force.

Très vite, le producteur québécois la rappelle : « Cette chanson est un tube. Garou l'adore et Céline l'écoute en boucle ! »

Couronnée par une Victoire de la musique en 2002, *Sous le vent* a fini d'installer Veneruso comme l'un des grands auteurs-compositeurs des années 2000.

Adam et Yves

2003 • Zazie

" Ils ont commis le péché originel
Ils n'auront pas d'héritiers
Mais quel amour est idéal
Qui est normal ? "

La chanson étant le parfait miroir de notre société, il paraît naturel qu'elle s'ouvre en ce début de XXIe siècle aux amours homosexuelles.

Si l'homosexualité féminine avait déjà été traitée par le groupe Meccano avec *Une femme avec une femme*, les amours masculines avaient plus souvent donné lieu à des parodies ou à des chansons-sketchs comme la célèbre *Il en est*, de Fernandel.

Avec Zazie et son auteur, Joëlle Kopf, nous changeons de registre. Plus d'humour gras et homophobe, mais un texte sensible sur le droit à la différence.

Pour la petite histoire, Maxime Le Forestier a été à l'origine de ce succès. Il connaît Joëlle Kopf depuis longtemps et l'ex-enseignante ne manque jamais de lui faire lire ses derniers écrits.

C'est ainsi qu'*Adam et Yves* retient l'attention de Maxime.

Le texte est posé sur le piano de ce dernier lorsque Zazie lui rend une visite amicale.

Par hasard, les yeux de la chanteuse se posent sur les premières lignes. L'originalité du titre l'accroche d'abord avant que couplets et refrain ne finissent de la séduire.

Sur le coup, elle pense que Le Forestier est l'auteur de l'œuvre…

Beau joueur, il met en contact ses deux copines. Zazie met en musique les vers de Joëlle et la chanson est couronnée par le Grand Prix de l'Union nationale des auteurs-compositeurs 2003.

Après *Femme libérée* en 1984, Joëlle Kopf est à ce jour la seule parolière a avoir deux fois reçu cette distinction.

Tout l'or des hommes

2003 · Céline Dion

« *Tout l'or des hommes*
Ne vaut plus rien
Si tu es loin de moi... »

Tout l'or des hommes est l'un des rares succès de Céline Dion à n'avoir été écrit ni par Eddy Marnay – l'auteur et le découvreur de ses débuts –, ni par Jean-Jacques Goldman.

Cependant, ce dernier est tout de même indirectement lié à l'émergence de cette chanson.

Soucieux de « monter » autour de Céline, pour un nouvel album, une équipe performante d'auteurs-compositeurs, Jean-Jacques fait appel à trois complices : Erick Benzi, Gildas Arzel et Jacques Veneruso.

Des trois, ce dernier est sans conteste le plus en vue au box-office des « faiseurs de tubes ». Pagny, Garou, Fiori, Noah lui doivent déjà quelques-uns de leurs disques d'or.

À chacun des protagonistes, Goldman expose le problème clairement : Céline est devenue aux yeux du grand public une star internationale mais, pour tous ceux qui la connaissent et la côtoient dans l'intimité, elle est étonnante de simplicité et d'humanité.

La mission de Veneruso, s'il l'accepte, sera de rendre en chanson cette vraie qualité de proximité et d'accessibilité de la star.

Et ce ne sera pas pour lui « mission impossible »...

À peine a-t-il raccroché le téléphone d'avec Goldman qu'il se met au travail. Le challenge le stimule.

En partant de l'idée d'authenticité et de vérité sentimentales, il concocte paroles et musique de *Tout l'or des hommes*.

Le message est on ne peut plus clair : rien ne compte en définitive excepté l'amour des proches.

À l'écoute de la maquette, Jean-Jacques félicite Veneruso. Selon lui, l'auteur a « mis dans le mille ! » Céline aussi est immédiatement séduite.

Tout l'or des hommes

2003 · Céline Dion

Enregistré à Las Vegas, le clip de la chanson dévoile une incroyable image de la chanteuse. Sans maquillage, hirsute, le look pour le moins débraillé, débordante d'une énergie farouche, chahutant telle une vieille copine de régiment avec ses quatre chevaliers servants..., le position-nement marketing d'une Céline « madame Tout-le-Monde » est réussi au-delà de toutes les espérances.

Et *Tout l'or des hommes*, premier single extrait de l'album « Une fille et quatre types », s'empare immédiatement des premières places du Top...

J'aime un homme

2004 • Véronique Sanson

« Oh, j'aime un homme
Et j'avoue, j'ai peur pour lui qu'il m'abandonne
Le jour où il ne trouvera plus personne
Qu'il se heurte à mon vrai mur d'indifférence... »

Bernard Swell, complice de Véronique depuis des années, a ce talent magique d'écrire des chansons «plus Sanson que Sanson».

Qu'il s'agisse de *Rien que de l'eau* sur l'avant-dernier opus de l'artiste ou de ce *J'aime un homme* du nouvel album «Longue distance», même les spécialistes les plus avisés n'y voient que du feu. Les compositions et les mots de Bernard Swell collent tellement bien à la peau et à la voix de Véronique... qu'ils semblent avoir été écrits par elle!

Si la musique de *J'aime un homme* est due au seul Swell, le texte en revanche a été écrit à quatre mains avec la chanteuse.

En matière de chanson d'amour, le refrain de ce nouveau tube innove : «J'aime un homme et j'avoue, j'ai peur pour lui qu'il m'abandonne...» Voilà une façon tout à fait originale d'évoquer l'être aimé.

La crainte exprimée par l'interprète n'est plus d'être la laissée-pour-compte, mais ce que serait l'avenir de l'autre si par malheur il décidait de se passer de son amour. C'est assez «gonflé» et il n'y avait qu'une artiste de la trempe de Véronique Sanson pour assumer un tel message.

Sans entrer de façon outrecuidante dans la sphère de l'intime et de la vie privée, on ne peut s'empêcher, dès la première écoute, d'associer les paroles de cette chanson au récent divorce de la star de son compagnon Pierre Palmade.

Alors, ce *J'aime un homme* a-t-il un rapport quelconque avec un personnage existant ou ayant existé?

À cette question posée par Jean-Pierre Pasqualini du magazine *Platine**, Véronique répondait récemment : «C'est une chanson pour tous, comme toutes les chansons. Elle est pour les gens qui vivent dans la misère de l'autre. C'est une façon de dire cette misère et d'avouer

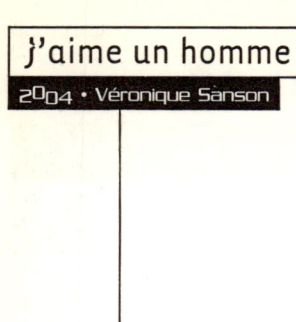

J'aime un homme

2004 · Véronique Sanson

une certaine impuissance. J'ai peur pour toi mais je t'aime quand même... »

Nous ne saurons donc rien de plus quant au destinataire, mais avouez que l'explication de texte de l'auteur est aussi jolie et poétique que le sont les paroles elles-mêmes !

* Magazine *Platine* n° 113, septembre 2004.

Comment écrire
le tube de l'été

Point d'anecdotes croustillantes ici, mais quelques remarques amusantes sur le sort des *tubes de l'été*...

Il y a deux types de gros succès estivaux qui font danser les héritiers des congés payés de 1936 :

– ceux dus au hasard qui fait exploser les ventes d'une chanson durant l'été ;

– ceux dus au marketing qui s'emploie à « formater » un produit. Un tempo, un vocabulaire ciblé et on vise le jackpot !

Rien n'est donc jamais joué d'avance, mais quelques « trucs » permettent d'augmenter les chances de réussite du tube en préparation.

Selon Didier Barbelivien, « il faut d'abord avoir envie de penser aux gens qui vont se rencontrer en dansant sur nos chansons ». Ce ne sont pas celles demandant le plus de travail qui « marchent » le mieux. Il y a des types de créations, « des fulgurances qui dégagent une énergie incontestable, ressentie par tous ».

Si vous voulez vous y frottez, voici une recette souvent infaillible :

– après avoir choisi une mélodie entêtante : se reporter au conseil de Barbelivien ;

– prenez un prénom féminin à la mode : Aline, Vanina, Mélissa, Marie, Michèle, Gaby, etc. Évitez Zoé, Marcelle, Gertrude, Cunégonde, plus difficiles à placer à moins de suivre une partition comique ;

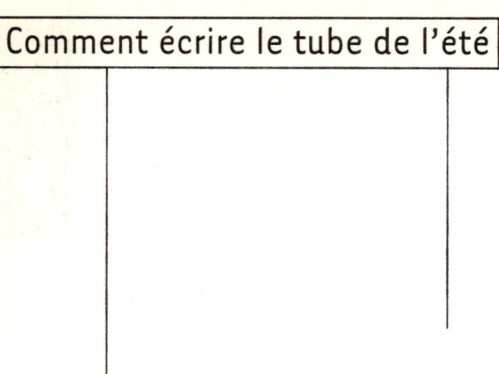

Comment écrire le tube de l'été

– choisissez un lieu de vacances attirant : Capri, Corfou, Venise, Rio, les Antilles… Évitez Monceau-les-Mines, Tourcoing, plus ardus pour le rêve et au ciel moins bleu. Maubeuge et Vesoul ont déjà servi dans la catégorie dérision ;

– préparez soigneusement le solo d'orgue ou de guitare : inséparable de tout bon succès de l'été, émotionnellement radical ;

– triez le vocabulaire et choisissez les mots inévitables : amour, toujours, plage, soleil, bleu, mer, chaud, peau, ivresse, caresse, cœur, bonheur, etc. ;

– vous pouvez accompagner le texte d'un monologue parlé ou d'un duo, souvent bien reçu ;

– saupoudrez le tout de nostalgie due à une séparation présente ou à venir ;

– secouez et distribuez. Si cela ne marche pas, recommencez.

Paradoxalement, plus une chanson a été jetée de partout, plus le public l'aime. Cherchez l'erreur !

Si vous vous découragez, rabattez-vous sur le prochain tube du prochain été et achetez-le, c'est plus sûr !

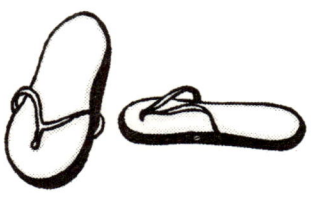

Les fautes de français dans les chansons d'amour

Sans se laisser contaminer par le syndrome « défense de la langue française », il est amusant de remarquer que nos talentueux auteurs n'échappent pas à l'erreur.

Sournoisement, la liste infinie des pièges et chausse-trappes de *nostre bel françois* se plaît à capturer jusqu'aux plus attentifs !

Les « fautes » peuvent avoir deux origines.

– Involontaires : on n'a pas fait attention, on pensait à autre chose, on avait oublié ses lunettes...

– Volontaires : au nom du droit de prendre sa liberté avec le langage, lorsque l'artiste évoque des images poétiques en tordant le cou à la syntaxe, lorsqu'un néologisme efficace remplace avantageusement une définition, etc.

Voici quelques exemples à faire s'indigner Bernard Pivot.

J'ai un problème

1973 • Johnny, Sylvie

"

J'ai un problème j'ai bien peur que je t'aime
J'ai un problème j'en ai bien peur aussi...

"

Les fans objecteront que c'est une faute sympathique sinon syntaxique ! Certains ont dit : c'est du « johnnisme » !

Néanmoins, « *J'ai bien peur que je t'aime* » ne se dit pas. « *J'ai bien peur de t'aimer* » serait plus correct et moins lourd.

La faute n'a été remarquée qu'après le pressage du disque ! J'ai bien peur que je ne peux plus rien faire...

Elle a les yeux revolver

1985 · Marc Lavoine

Tell'ment si femme quand elle mord
Tell'ment si femme, je l'aime tell'ment si fort...

Il est difficile d'imaginer que Marc Lavoine ait commis une « faute ». Il est certain qu'elle fut voulue.

Certes, on ne met pas deux adverbes d'intensification l'un après l'autre – *« tellement »* et *« si »* – mais ce choix est sans doute le résultat de la vision hyperbolique de son amour !

Il renforce sa déclaration et justifie sa passion en poète, épris de liberté d'expression.

Bon, on excuse tout à Marc Lavoine et son héroïne a les yeux tellement si revolver !

225

Je ne veux qu'elle

2001 • Marc Lavoine

> " *J'ai beau chercher*
> *D'autres à rêver*
> *Je ne veux qu'il*
> *Je ne veux qu'il...* "

Marc Lavoine a récidivé en 2001 avec *Je ne veux qu'elle*, duo chanté avec la belle Claire Keim. Il ne veut qu'elle et elle ne veut « qu'*il* ». Il serait plus exact qu'elle ne veuille « que lui », mais doit-on s'offusquer ?

Bizarrerie française qui a conduit d'un trait de plume nos deux auteurs, Marc Lavoine et J. Kapler, à cette licence poétique.

« *Je ne veux qu'il* » et « *tell'ment si fort* » demanderaient des cours de remise à niveau si nous n'avions pas affaire à des artistes...

Son prénom
en chanson

Son prénom en chanson

Vous le portez en collier, en bague, en bracelet, vous l'avez fait graver sur votre gourmette, sur un grain de riz, vous l'avez tatoué sur votre cuisse ou votre biceps…

Si vous trouvez le patronyme de votre bien-aimé(e) dans la liste suivante, n'hésitez pas à le lui offrir en chanson…

Prénoms féminins

Aïcha ....Khaled
Alice ....Noir Désir
Aline ♥♥ ....Christophe
Alison ....Jordy
Amandine ....Bobby Lapointe
Amélie (Colbert)....................Laurent Voulzy
Angéla ....Saian Supa Crew
Angèle (Petite)................... Daniel Balavoine
Angélique ....Christian Vidal
Angie ♥♥ ....Rolling Stones
Bambou......................................Alain Chamfort
Brigitte (Bardot) ....Dario Moréno
Candy (Adieu jolie) ♥♥ ....Jean-François Michaël
Caroline ....MC Solaar
Cécile ♥♥ ....Claude Nougaro
Cecilia.......................Simon et Garfunkel
Célimène ....David Martial
Céline ♥♥.........................Hugues Aufray
Chimène ....René Joly
Clara (Bonsoir)..........................Michel Sardou
Dalila ....Sheila
Daniéla ....Elmer Footbeat
Daniéla ....Eddy Mitchell
et Les Chaussettes Noires
Debbie (La Belle) ....Francis Cabrel
Delila..Tom Jones
Diana...Paul Anka
Domino ....André Claveau
Élisa ....Serge Gainsbourg
Éloïse ....Claude François/Barry Rian
Elsa ....Didier Barbelivien
Elsa (Les Yeux d') ....Jean Ferrat
Emmanuelle ....Pierre Bachelet
Emmanuelle ....François Valéry
Éva ....Serge Gainsbourg
Fanny (sur le port) ....Michèle Torr
Fanny (Fanny)....................Frédéric François
Félicie (aussi) ♥♥ ....Fernandel

Fernande ♥♥..........................Georges Brassens
Flo.......................................Pierre Bachelet
Frédérique................................Claude Leveillé
Gabrielle ....Johnny Hallyday
Gaby (oh Gaby) ....Alain Bashung
Georgia..Ray Charles
Gloria.................................Michel Polnareff
Gloria ....Them
Gloria..Umberto Tozzi
Hélène (Les Sabots d') ....Georges Brassens
Hélène ....Julien Clerc
Hélène ....Roch Voisine
Irma (la douce) ....Colette Renard
Isabelle ....Jacques Brel
Isabelle ....Les Poppys
Jeanine
(médicament blues) ......Jean-Jacques Goldman
Jeanne (La Cane de) ....Georges Brassens
Jezebel ....Édith Piaf
Juanita (Banana) ....Henri Salvador
Julie ....Marcel Amont
Julie (Julie) ....Joe Dassin
Julie (la rousse) ....René-Louis Laforgue
Judith....................................Serge Gainsbourg
Karin (Redinger) ♥♥.....................Laurent Voulzy
Katy (Cruel) ....Joe Dassin
Laetitia
(Elaeudanla Teiteia) ....Serge Gainsbourg
Laetitia ....Jean-Jacques Goldman
Lara (La Chanson de) .........................J.C. William
Laura ....Johnny Hallyday
L'Aziza ....Daniel Balavoine
Leïla (et les chasseurs) ....Francis Cabrel
Lili..Julien Clerc
Lily...Philippe Chatel
Lily ....Pierre Perret
Linda (Love) ....Daniel Balavoine
Lisa ....Jean-Jacques Goldman

Sont signalées par des petits ♥♥ les chansons développées dans l'ouvrage.

Lola (Les)	Pierre Bachelet
Lola (rastaquouère)	Serge Gainsbourg
Lolita (Moi)	Alizée
Louise ♥♥	Gérard Berliner
Lucie	Pascal Obispo
Madeleine	Jacques Brel
Madelon (Quand)	Line Renaud
Madonna (Lady)	Les Beatles
Magali	Maria Candido
Manon	Serge Gainsbourg
Manuella	Julio Iglesias
Maria	Joe Dassin
Maria (Un dos tres)	Ricky Martin
Maria-Magdalena	Julie Pietri
Marie	Johnny Hallyday
Marie (Petite)	Francis Cabrel
Marie-Ange	Joe Dassin
Marie-Christine	Claude Nougaro
Marieke	Jacques Brel
Marie-Madeleine	Joe Dassin
Marie-Pierre (et Charlemagne)	Maxime Le Forestier
Marilou (sous la neige)	Serge Gainsbourg
Marilyn (et John)	Vanessa Paradis
Marinella	Tino Rossi
Marinette	Georges Brassens
Marjolaine	Francis Lemarque
Marlène (Lady)	Daniel Balavoine
Martha (My Dear)	Les Beatles
Martine	Joe Dassin
Mathilde	Jacques Brel
Mary (Oh Lady)	David-Alexandre Winter
Marylène	Martin Circus
Marylou	Daniel Gérard
Marylou (Good Bye) ♥♥	Michel Polnareff
Maryvonne	Anne Sylvestre
Mélissa ♥♥	Enrico Macias
Mélissa ♥♥	Julien Clerc
Michèle ♥♥	Gérard Lenorman
Michelle	Les Beatles
Mireille (Le Chapeau de) ♥♥	Marcel Amont
Monia	Peter Holm
Natacha	Jean-Jacques Goldman
Nathalie	Gilbert Bécaud
Pamela (popo)	Serge Gainsbourg
Patricia	Perez Prado
Paulette	Les Charlots
Peggy Sue	Buddy Holly
Ramona	Saint-Granier
Raymonde	Maxime Le Forestier
Riquita	Georgette Plana
Rita (Lovely)	Les Beatles
Rosalie	Carlos
Rosetta	Christian Delagrange
Rosie	Francis Cabrel
Sandy	Joe Dassin
Sarah ♥♥	Serge Reggiani
Sarah (Jolie)	Johnny Hallyday
Sheila (Jolie petite)	Lucky Blondeau
Stéphanie	Patrick Fiori
Suzanna	Art Compagny
Suzette	Dany Brillant
Sylvia	Sacha Distel
Sylvie	Joe Dassin
Titine	Andrex
Titine	Jacques Brel
Valentine	Maurice Chevalier
Vanina ♥♥	Dave
Yoko (And John)	Les Beatles

Prénoms masculins

Andy	Rita Mitsouko	Johnny, Johnny	Jeanne Mas
Bernard (Song)	Véronique Sanson	Léon	Georgette Plana
Élie	Patrick Bruel	Lulu (I Love You)	Buzy
Étienne	Guesch Pati	Nicolas	Sylvie Vartan
Fernand	Jacques Brel	Manu	Renaud
Fernando	Abba	Mustapha	Bob Azzam
Gaston (y a l'téléphon)	Nino Ferrer	Patrick (mon chéri)	Sheila
Gigi (l'Amoroso)	Dalida	Pépito	Los Machucambos
Hector (La Femme d')	Georges Brassens	Pierre	Barbara
Ivan, Boris…	Marie Laforêt	Prosper (youp la boum)	Maurice Chevalier
Jef	Jacques Brel	Ramuncho	André Dassary
Jérôme (c'est moi)	C. Jérôme	Raphaël	Carla Bruni
John (et Marilyn)	Vanessa Paradis	Swan (Du côté de chez)	Dave
John (And Yoko)	Les Beatles	Ziggy (« Starmania »)	Fabienne Thibault
Johnny (And Mary)	Robert Palmer		/Céline Dion

Table des matières

Table des matières

Table des matières

Table des matières

Table des matières

Bibliographie

Pierre Delanoë, *La Vie en chantant*, Julliard, 1980
Fabrice Ferment, *40 ans de tubes 1960-2000*, Larivière, 2001
François Jouffa, *Secrets de chansons*, Hors Collection, 2000
Martin Pénet a réuni *Cent chansons d'amour*, Omnibus, 2003
Marc Robine, *Grand Jacques, le roman de Jacques Brel*, Chorus Anne Carrière, 1998
Pierre Saka, Yann Plougastel, *La Chanson française et francophone*, Larousse, 1999
Marc Toesca, Philippe Courath, Rémy Kolpa Kopoul, *Guide du tube*, Seghers, Le Club des stars, 1987
Gilles Verlant, *Gainsbourg*, Albin Michel, 2000
Frédéric Zeitoun, *Toutes les chansons ont une histoire*, Ramsay, 2000
Steve Turner, *L'Intégrale Beatles*, Hors Collection, 1994
Catherine Rihoit, *Dalida*, Plon, 1995
Line Renaud, *Loulou envoie-moi un arc-en-ciel*, Anne Carrière, 2002
Jean-Marie Pouzenc, *50 ans avec Elvis*, Didier Carpentier, 2003
Christian Dureau, *Dictionnaire mondial des chanteurs*, Vernal-Philippe Lebaud, 1989
Frédéric Perroud, *Marcel Cerdan-Édith Piaf, le bel amour*, Acropole, 1999
Marcel Amont, *Une chanson, qu'y a-t-il à l'intérieur d'une chanson*, Seuil, 1994
Jean Renard, *Que je t'aime la vie*, Marque Page, 2003
Jacques Vassal, *Léo Ferré, l'enfant millénaire*, Hors Collection, 2003
Magazine *Note*, journal de la Sacem, n° 140, septembre 1993
***Platine* magazine**, n° 113, septembre 2004
***Platine* magazine**, n° 57, janvier 1999
Denis Havard de la Montagne, article à propos de *Plaisir d'amour* sur le site *www.musimem.com/martini.htm*

Un grand merci

À tous les auteurs-compositeurs qui nous ont ouvert la porte de leur mémoire.
Une mention spéciale à **Charles Dumont**, **Claude Lemesle**, **Frédéric François** et **Jean-Jacques Goldman**.
À **André Wambecke** et **Claude Gaillard** pour la précision de leurs informations.
À **Vanina Galili**.
À **Annie Level** et **Quentin Lamotta** pour la qualité de leurs littéraires remarques.
Enfin à **Christiane Galili** qui, entre deux colloques traitant de la femme et de sa place dans l'avenir de l'identité juive laïque le soir au-dessus des joncs, a su avec beaucoup d'affection et une arme braquée sur ma tempe m'amener en douceur mais fermement à aller au bout de cet ouvrage...

Achevé d'imprimer sur les presses de

BUSSIÈRE
GROUPE CPI

à Saint-Amand-Montrond (Cher)
en janvier 2005
pour les Éditions Hors Collection
12, avenue d'Italie
75013 Paris

N° d'édition : 6643/01. — N° d'impression : 050175/1.
Dépôt légal : janvier 2005.

Imprimé en France